창의성과 지혜를 길러 주는

손녀와의 대화

조 연 순 저

학지사

프롤로그

내가 대학에서 정년퇴임을 할 즈음에 작은 아들이 청탁 같은 질문을 하였다. 우리 집과 직장 어린이집 중간쯤으로 이사를 올 테니 손녀를 어린이집에서 하원시켜 데리고 오는 일을 해 줄 수 있겠냐고? 너무 큰 숙제라서 바로 답을 못 하였으나 '내 아이들이 성장할 때 육아를 충실히 못 해서 이제 그 빚을 갚으라는 것이구나.' 하는 생각이 들어서 "하겠다."라고 응답하였다. 사범대학에서 정년퇴임 인사할 때도 후배 교수들에게 내가 '알바' 하나는 확실히 정했다는 언급을 하였다(혹시 내 마음이 변할까 봐). 그 후 매일 오후 4시에서 5시 사이에는 손녀를 데리러 가는 일을 생활의 우선순위에 두게 되었다.

엄마가 워킹 맘이라서 만 2세까지는 외할머니가 양육을 주로 담당하다가 어린이집에 보내면서 친할머니인 필자에게 손녀 육아가 양도되었다. 손녀 데려오는 일을 2013년 9월부터 시작하여 2017년 12월까지 4년간을 맡아 하면서 처음에는 너무나 힘들었다. 친할머니인 나와의 애착이 외할머니와의 애착만큼 그 밀도가 같아지는 데 2년이 걸렸다. 어린이집에 데리러 가면 나오기를 거부하곤 하였다. 그러다가 만 3세가 지나면서 언어 구사를 제법 하면서부터 집에 오는 길에 질문이 시작되었는데, 그 질문과 대화 내용들이 신기해서 주변의 사람들에게 이야기해 주면 매우 재미있어하였다.

대학에서 '아동발달과 교육' 과목을 수십 년 동안 강의해 왔고, 아동발달 단계를 설명하기 위해 여러 가지 사례들을 소개하기도 하였는데, 왜 이 아이의 질문들이 신기하고 재미있게 느껴지는가? 그 이유를 곰곰이 생각해 보니, 아동발달 이론이 미처 설명하지 못했던 아이의 마음과 생각들을 다시 느끼게 하고, 우리 어른들이 깊이 생각하지 못하고 그냥 지나쳐 버린 것들을 생각하고 반성하게 하는 사례들이 발생했기 때문이라 생각되었다.

어린이집에서 데리고 오면서 공원과 주변을 산책하고, 차를 타고 오는 동안 수많은 질문들이 끊임없이 이어졌다. 이러한 손녀의 질문과 나의 대답들은 사랑과 가족, 삶과 죽음, 믿음과 같은 제법 철학적이고 신앙적인 측면으로까지 발전하게 되었다.

이러한 소중한 이야기들을 세월이 지나가면 잊어버릴 것 같아서 글로 쓰기 시작했는데, 몇 년간을 쓰다 보니 글이 많이 모아졌고 주변의 친지들과 공유하고 싶은 마음이 생겼다. 사적인 이야기가 공개되므로 오랫동안 망설이다가 자녀 양육을 하는 부모와 조부모들에게 조금이라도 도움이 될 것 같아서 출판을 하게 되었다.

이 책의 목적은 아동이 질문을 할 때 어떤 전형적인 대답을 알려 주려는 것이 아니고, 독자들이 자녀와 손자녀의 생각을 이해하고 대화를 하는 데 도움을 주기 위한 것이다. 여기 소개되는 대화들은 아동발달의 전형적인 사례들도 있지만 예외적인 사례들이 많다. 이론은 아직 실제를 다 포괄하지 못하고 있다는 반증이다. 또한 자연스러운 상황에서 이루어진 대화 내용들을 주제별로 분류한 것이므로 귀납적인 사례 연구라고도 볼 수 있다.

이 책의 내용은, 1) 공감과 정서조절, 2) 언어와 수의 이해, 3) 직관적 사고와 상상력, 4) 자연과 우주에 대한 관심, 5) 형제와 가족 관계, 6) 가치관과 지혜의 여섯 가지 영역으로 구성되어 있다. 각 영역을 시작할 때는 해당 영역의 발달 특성을 설명하였고, 그다음에는 손녀와의 대화들을 소개하였으며, 대화에 대한 해석을 하였다. 또한 각 영역이 끝날 때는 부모와 조부모들을 위한 가이드를 제시하였다.

'손녀와의 대화'가 책으로 나오기까지 함께해 주었던 우리 온 가족에게 감사한다. 그리고 이 책에 관심과 격려를 보내 주신 대신교회의 황문찬 목사님과 원고 내용을 검토해 주신 김성호 부목사님께 감사드린다. 또한 이 책의 출판을 흔쾌히 맡아 주신 학지사의 김진환 사장님과 편집을 꼼꼼히 맡아 준 김준범 차장님께 감사드린다. 그리고 이러한 기회를 허락해 주신 하나님께 모든 감사를 드린다.

2018년
어린이와 같은 마음으로
저자 조 연 순

차례

C O N T E N T S

I. 공감과 정서조절

최근 인공지능 시대에 로봇이 인간의 감정을 읽고 표현을 하기도 하지만, 아직 인간의 인간됨을 유지하는 데 가장 강한 특성은 '다양한 정서'이다. 인간의 정서는 태어날 때 혼돈의 상태에서 '쾌'와 '불쾌'의 두 가지로 나누어졌다가 성장하면서 여러 가지 종류로 분화된다. 표현도 점차 다양해지며, 자기 자신의 정서와 타인의 정서도 이해하게 된다.

유아기는 감정과 정서 표현이 매우 강하며, 정서 통제가 잘 되지 않아서 좋아하는 것과 싫어하는 것을 너무 솔직하게 표현하여 주위 사람들을 난처하게 만드는 시기이다. 한편, 다른 사람의 감정을 이해하는 '공감능력'이 점차 발달되어 가는 시기인데, 이러한 공감능력은 지혜로운 사람으로 성장하는 데 매우 중요한 요소가 된다.

1. 청개구리가 불쌍해

2015년 7월(3세 10개월)

  할머니 말을 잘 듣지 않는 수빈이를 위해 차 안에서 옛날이야기를 들려주었다.

> **할머니:** 옛날에, 엄마 말을 너무 안 들어서 엄마가 동쪽으로 가라고 하면 서쪽으로 가고, 서쪽으로 가라고 하면 동쪽으로 가는 청개구리가 있었대.

  수빈이가 귀를 쫑긋하며 열심히 듣고 있기에 할머니는 계속하여 이야기하였다.

> **할머니:** 그러다가 엄마가 늙어서 죽게 되었어. 엄마는 죽은 다음 산에 묻히고 싶었어.
>
> **수빈:** 죽는 게 뭐야?
>
> **할머니:** 늙어서 하늘나라로 가는 거.
>
> **수빈:** 늙는 게 뭐야?
>
> **할머니:** 할머니처럼 어른들이 자꾸 나이가 먹으면 몸이 약해져서 힘이 없어지는 거. 청개구리 이야기 계속해 줄게. 엄마가 말

하면 반대로 하는 청개구리가 있다고 했지? 엄마는 산에 묻히고 싶었어. 그런데 산에 묻어 달라고 하면 청개구리가 반대로 강에 묻어 줄까 봐 걱정되어서 이번에는 강가에 묻어 달라고 했어. 그랬더니 청개구리는 엄마가 살았을 때 너무 말을 안 들었던 것이 미안해서 엄마가 죽은 다음에는 엄마가 말한 대로 강가에 엄마를 묻었어. 그랬더니 어떻게 되었을까?

수빈: 모르겠어.

할머니: 강에는 물이 있잖아? 청개구리가 엄마를 강가에 묻었더니 며칠 후에 비가 엄청 많이 와서 그만 엄마의 무덤이 떠내려가 버렸대. 그래서 너무 슬퍼서 개구리는 비가 오면 '개굴 개굴' 하고 우는 거래.

수빈: 그러면 청개구리한테 새 엄마가 와?

할머니: 모르겠는데…….

수빈: 개구리가 불쌍하다.

　'죽음'이란 것, '늙음'이란 것은, 유아가 이해하기에는 너무 어려운 개념이며, 죽으면 산소에 묻힌다는 것도 아직 이해하지 못한다. 이러한 개념은 경험을 통해 점차적으로 형성되어 갈 것이다.
　할머니가 청개구리 이야기를 들려주었던 목적은 어른의 말을 잘 듣지 않으면 이렇게 후회할 일이 생긴다는 것을 알려 주려고 했던 것이었는데, 이 목적에 실패하였다. 그러나 개구리의 엄마가 강으로 떠내려가 버렸다는 사실에 대해 슬퍼하는 모습을 볼 때 수빈이는 주인공의 입장에서 '슬픔'에 대한 '공감'을 충분히 하고 있었다.

2. 할머니 손이 뜨거워

2015년 8월(3세 11개월)

할머니가 친구의 농장에 갔다가 옥수수를 얻어 와서 수빈이에게 주는데, 먹기 편하게 해 주느라 뜨거운 옥수수의 알을 손으로 떼어 내고 있었다. 어렵게 알을 떼어 내고 있는 할머니를 애처롭게 보고 있다가,

> **수빈:** 할머니 손이 뜨거운데, 지금 참고 있는 거야?
>
> **할머니:** 응, 뜨거운데, 참는 거야. 수빈이 먹기 편하게 해 주려고…….
>
> **수빈:** 고마워, 할머니. 내가 크면 할머니 설거지 하는 것 도와줄게.
>
> **할머니:** 정말? 고마워. 네가 크면 할머니 도와줘.

　수빈이는 이제 할머니가 손이 뜨거운데도 참고 있다는 사실에 할머니를 동정하고 할머니의 사랑에 감사함을 느끼며, 나중에 그 은혜를 갚겠다는 약속까지 할 줄 아는 아이가 되어 가고 있다.

　만 3세 유아의 인지발달 단계로 볼 때 '공감력'은 아직 기대하기 어려운 능력이다. 그러나 성인이 되어 사회생활을 원만히 하고 지혜로운 사람이 되기 위해 매우 중요한 능력이므로 여러 가지 체험을 통해 느끼고 표현해 보게 함으로써 공감력을 길러 주어야 한다.

3. 인사이드 아웃

2015년 7월(3세 10개월)

　인간의 기억과 정서를 요소별로 캐릭터화한 영화 <인사이드 아웃>을 손자들(준석, 민석)과 함께 보러 갔었다. 애니메이션으로 만든 영화이기는 하지만 여러 가지 정서의 종류들을 다루고 있어서 수빈이가 집중하지 못할까 봐 염려가 되었는데, 수빈이는 "코끼리는 어디 갔어?"와 같은 질문을 해 가면서 제법 열심히 영화에 집중하였다.

　이 영화 관람의 이면에는, 요즘 수빈이가 짜증을 잘 내서 '정서조절'을 하도록 하기 위한 목적이 있었다.

　영화 관람 며칠 후에 드디어 수빈이가 짜증을 내는 상황이 발생했다.

　할머니: 수빈아. 네 속에 '까칠이'가 나왔나 보다.

　수빈: (재미있다는 표정으로) 응, 난 까칠이를 좋아해.

　할머니: 까칠이가 왜 좋아? 짜증 부리는 애인데…….

　수빈: 난 까칠이가 좋아. 머리가 길어서…….

　할머니: 할머니는 '행복이'가 좋은데……. 행복이 나오라고 그래.

　수빈: 행복이가 아냐. '기쁨이'야.

　할머니: 그래? 그럼, 기쁨이 나오라 그래.

수빈: 기쁨이는 머리가 짧아서 싫어.

할머니: 너 〈인사이드 아웃〉에 나온 친구들, 다 기억해?

수빈: 응. '까칠이' '소심이' '버럭이' '기쁨이' '슬픔이'.

할머니: 와. 수빈이가 그 아이들을 다 기억하네…….

I. 공감과 정서조절

2015년 11월 (4세 2개월)

　오늘도 집으로 가는 차 안에서 여러 가지 대화를 하다가 수빈이가 또 다시 '감정'에 관한 이야기를 하였다.

> 수빈: 내 마음속에 '기쁨이'가 나오면 좋겠는데, '버럭이'와 '까칠이'만 자꾸 나와.
>
> 할머니: 그래? 그럼 '기쁨이 나와라.' 하고 불러봐.
>
> 수빈: 아무리 크게 불러도 안 나와.
>
> 할머니: 어떡하나? 그럼, 무슨 다른 방법이 없을까?
>
> 수빈: 모르겠어.
>
> 할머니: 방법이 하나 있는데…….
>
> 수빈: 그게 뭔데?
>
> 할머니: 우리가 할 수 없는 것을 할 수 있게 하는 분이 있지.

수빈이의 눈이 동그래진다.

> 할머니: 기쁨이 나오게 해 달라고 잠자기 전에 하나님께 기도드려 보는 거야.
>
> 수빈: 잊어버리면 어떻게 해?
>
> 할머니: 너 자기 전에 할머니에게 전화해. 그럼 할머니도 함께 기도 해 줄게.
>
> 수빈: 응. 난 10시에 자니까 그때 전화할게.

　수빈이는 오랫동안 〈인사이드 아웃〉 영화를 기억하며 영화 속 다섯 가지 캐릭터들이 자기 마음을 조절하고 있다고 믿고 있다. 그래서 짜증을 부릴 때마다 '까칠이'는 좀 들어가라고 말하면 진정이 되곤 하였다.

　영화를 처음 보았을 3세경에는 까칠이를 좋아했는데, 4세가 되자 '기쁨이'가 나오기를 원하게 되었다. 3세일 때는 사람 안에 여러 가지 정서들이 존재한다는 것을 알게 되고, 4세가 되니 '정서조절'의 필요성 또한 느끼게 된 것 같다.

　그런데 생각하는 것처럼 정서조절이 잘 안 된다는 것 또한 수빈이가 알고 있고, 나름대로 기쁨이가 나오도록 노력하고 있는 모습을 보이고 있다. 즉, 자기 자신이 무엇을 할 수 있고 할 수 없는지를 파악하는 '초인지 능력'이 발달하고 있다는 의미이다.

4. 외로움

2016년 5월(4세 8개월)

　다른 때와 마찬가지로 유치원에서 집으로 가는 차 안에서 이루어진 대
화이다.

　　수빈: 난 친할머니가 좋아.
　　할머니: 수빈이가 이제 친할머니도 좋아해?
　　수빈: 응. 이제 친할머니도 외할머니만큼 좋아졌어.

　이제 수빈이는 '… 만큼'이란 비교급 용어도 사용할 줄 알게 되었다.

　　할머니: 그래? 친할머니도 좋아해 줘서 고마워. 할머니도 수빈이를
　　　　　　좋아해.
　　수빈: 난 친할머니를 이렇게 사랑하는데, 할머니가 내 집에서 같이
　　　　　살면 안 돼?
　　할머니: '사랑'하는 게 뭔데?
　　수빈: 많이 많이 좋아하는 거…….
　　할머니: 그렇구나. 할머니도 수빈이를 많이 많이 좋아하고 사랑해.
　　　　　　그래서 수빈이와 함께 살고 싶어. 그런데 할머니가 수빈이

집에서 살면 할머니 집에는 누가 있을까?

수빈: 친할아버지.

할머니: 그래, 그럼 할머니가 없으면 할아버지는 어떨 것 같아?

수빈: 외로울 것 같아.

할머니: 외로운 게 뭔데?

수빈: '심심하고 배고프고' 뭐 그런 거지.

할머니: 그래, 할아버지가 외로우면 불쌍하잖아⋯⋯. 그래서 할머니가 수빈이 집에서 살 수가 없어.

수빈: 알았어.

　4세가 되면서 상대방의 감정을 상상하고 이해할 수 있는 '사회적 인지기능'과 '공감능력'이 점점 더 발달해 가고 있다. 그리고 항상 그렇지는 않지만 어떤 상황에 대해 그 이유를 설명해 주면 떼쓰지 않고 포기하는 모습을 보이기 시작하고 있다.

　'사회적 인지기능(다른 사람은 어떻게 생각할지를 생각하는 능력)'이 발달할수록 자기 자신의 '감정조절'도 가능해진다는 증거이다. 그래서 아직 이해가 충분히 안 되는 경우라도 유아의 요구를 들어줄 수 없는 경우에는 납득되도록 설명을 해 주는 것이 필요하다.

공감과 정서조절 능력 키워 주기

　'공감'과 '감정조절'은 가정에서 교육해야 할 가장 기본적인 범주에 속하는 능력이라고 볼 수 있습니다. 상대방의 감정과 정서를 이해하는 공감과 자기 정서를 표현하고 통제하는 감정조절 능력은 사고력의 발달과 병행하여 이루어집니다. 그러나 나이가 들어서 사고력은 발달되어 있는데 감정조절이 미숙하면 사회생활에 문제가 생기므로 유아기부터 자기감정과 타인의 감정을 느끼고 이해해 보도록 지도해 줄 필요가 있지요.

　'공감'과 '정서조절' 능력을 길러 주기 위해서는 세분화되고 있는 자녀의 감정을 부모가 이해하고 공감해 주는 태도가 필요합니다. 부적절한 감정을 표현하는 경우에도 우선 유아의 감정을 이해해 준 다음에 그 상황에 대해 다시 생각해 보고 상대방의 입장에서는 어떤 마음이 들지 유추해 보는 시간을 갖도록 하는 것이 필요합니다. 자녀의 감정을 무시하면, 자녀 역시 상대방의 감정을 무시하게 되니까요. 자녀들의 부정적인 정서들을 기쁨과 행복으로 승화시키는 노력이 필요합니다.

　다음과 같은 순서로 감정표현과 정서조절을 지도해 보세요.

1. **'자녀의 감정'을 이해하고 공감해 주기**
   자녀가 부적절한 감정을 표현했을 때라도 일단 "아, 그랬었구나." 하고 공감해 주고 이해해 주기
2. **'상대방의 감정' 이해해 보게 하기**
   어떤 상황이 발생했을 때 상대방의 입장에서는 어떻게 느끼고 생각할까에 대해 예상해 보고, 공감해 보고, 이해해 보게 하기
3. **'적절한 감정표현'의 방법을 생각하고 실천해 보게 하기**
   내가 원하는 감정과 생각을 잘 전달하기 위해서는 어떻게 표현하는 것이 좋을지 생각해 보고 다음에 실천해 보게 하기

II. 언어와 수의 이해

　유아기에는 '언어'와 '숫자'가 상징적 표현이라는 것을 알게 되어 언어와 수를 생활 속에서 적극적으로 사용하며 발달하게 된다. 타인과 의사소통을 하면서 단어 사용량이 늘어나고 문법적으로도 한 단어 사용에서 두 단어, 세 단어 이상으로 복잡한 구문을 사용하게 된다. 질문도 점점 많아지는데, 처음에는 '무엇'이냐고 질문하다가 '왜?' 라는 질문으로 발전하게 된다. 또한 숫자와 수와의 관계도 이해하게 된다.

　언어는 생각의 표현이어서 사고력과 병행하여 발달한다. 또한 언어는 의사소통이 목적이고 사회적인 상호작용 속에서 배우게 되므로 또래나 성인과의 대화가 많이 필요하다. 유아는 성인이 사용하는 용어를 자기 경험의 범주 안에서 해석하므로 의아한 질문을 하곤 한다.

1. 미국의 이름은 뭐야?

단어의
습득

2015년 4월(3세 7개월)

할머니가 멀리 중앙아메리카에 있는 '과테말라'로 국가지원사업을 돕기 위한 출장을 가게 되어 수빈이에게 미리 이야기를 하였다.

> **할머니:** 할머니가 먼 나라에 여행 가게 되어서 다음 주엔 수빈이 데리러 못 올 거야.
>
> **수빈:** 어디 가는데?
>
> **할머니:** 이름이 좀 어려워. '과테말라'라는 나라야.
>
> **수빈:** 왜 가는데?
>
> **할머니:** 그 나라가 먹을 것도 많지 않고 살기가 어려운 곳이어서 도와주러 가는 거야.
>
> **수빈:** 불쌍하다. 나도 함께 가고 싶어. 아프리카에서는 밥이 없어서 우유를 먹는대.
>
> **할머니:** 응. 수빈이도 어려운 사람들을 돕고 싶은 마음이 있구나. 다음엔 같이 가자. 아프리카에는 우유도 없어서 못 먹는 아이들이 많단다.

며칠 후 할머니가 귀국하여 수빈이에게 여행했던 사진을 보여 주면서,

할머니: 할머니가 여행할 때 미국의 공원에서 찍은 '예쁜 꽃' 사진
　　　　보여 줄게.

수빈: 할머니는 '과테말라' 갔잖아?

할머니: 너 그 나라 이름을 아직 기억해? 누가 가르쳐 줬어?

수빈: 응. 난 그냥 저절로 알아.

할머니: 와. 수빈인 어떻게 그렇게 어려운 이름을 기억하니? 할머니
　　　　가 과테말라 가는 도중에 '미국'을 갔었거든. 그래서 공원
　　　　을 갔었어.

수빈: 미국? 그런데 미국의 이름은 뭐야?

할머니: 하하하하. 미국의 이름은 한국말로는 '미국'이구, 영어로
　　　　는 '아메리카'야.

수빈: '아메리카'?

　우리가 살고 있는 지구에는 참 배고픈 어린이들도 있다는 사실을 수빈이는 접한 것 같았고, 그런 나라에 가서 자기도 돕고 싶은 마음이 벌써 싹트고 있다는 사실이 감동적이었다. 나라 이름에 대한 정확한 기억력 또한 놀라웠는데, 어린이들은 '단어의 의미'를 몰라도 그대로 사진처럼 뇌 속에 저장되기 때문이라고 생각된다. 즉, 단어란 생활 속에서 습득된다.

2. 사랑하는 것과 좋아하는 것의 차이

의미의
구분

2016년 9월(5세)

유치원에게 귀가하는 차 안에서 수빈인 요즘 '사랑한다'는 표현을 자주 하기 시작하였다.

> **수빈:** 난, 할머니를 사랑해.
>
> **할머니:** 나도 수빈이를 사랑해. 그런데, 너 전에는 할머니를 좋아 한다고 했는데, '좋아하는 것' 과 '사랑하는 것'은 어떻게 달라?
>
> **수빈:** 응. 좋아하는 것은 그냥 좋다는 것이구, 사랑한다 는 것은 많이 많이 좋아한다는 거야.
>
> **할머니:** 응. 그렇구나. 그럼, 수빈인 할머니 말구 또 누구를 사랑하니?
>
> **수빈:** 엄마, 아빠, 수아, 할아버지, 외할머니, 외할아버지…… 우리 가족을 다 사 랑해.
>
> **할머니:** 그래 맞아. '가족'이란 사랑하는 사람들이야,

'언어'는 역시 상황 속에서 경험을 통해 배우게 되는 것이다. '좋아한다' '사랑한다'는 말도 추상적이지만 가족 간의 사랑을 통해 감정을 충분하게 경험했기에 정확하게 차이점을 설명할 수 있었을 것이라 생각된다.

3. 내가 여우야?

2016년 2월(4세 5개월)

　할아버지랑 재미있게 놀다가 할아버지가 "아이구, 이 여우야."라고 말하자 수빈이는 울상이 되어서 부엌에 있던 할머니에게로 달려왔다.

　　수빈: 할머니, 할아버지가 나한테 '여우'래. 할아버지 나빠.

　　할머니: 응. 그건 네가 미워서 그런게 아니고, 네가 예쁘다는 뜻이
　　　　야.

　　수빈: '여우'가 예쁘다는 말이라구?

2017년 6월(5세 9개월)

할머니가 여행을 다녀오느라 오랜만에 유치원에 수빈이를 데리러 가게 되었다.

> **할머니:** 수빈아, 너 그동안 할머니 보고 싶지 않았니?
> **수빈:** 보고 싶었어.
> **할머니:** 얼마큼?
> **수빈:** 많이…….
> **할머니:** 할머니는 수빈이가 보고 싶어서 혼났어.
> **수빈:** 누구한테 '혼'났어?
> **할머니:** 그게 아니고, 힘들었다는 거지.
> **수빈:** 그러면 처음부터 그러지, 왜 혼났다고 그래?
> **할머니:** 응, 힘들었다는 것을 그렇게 말하기도 하는 거야.

2017년 6월(5세 9개월)

할아버지, 할머니와 저녁 식사를 함께 하게 되었다. 할아버지가 수빈이에게 음식을 권하면서,

할아버지: 수빈아, 이거 할머니가 한 요리, 기가 막히게 맛있어. 먹어 봐.

수빈: 응. 맛은 있는데, 귀는 안 막혔어. 난 귀꼽도 없어.

할아버지, 할머니: 아. 그 '귀'가 아니라⋯⋯.

(할아버지, 할머니는 '기'를 어찌 설명할지, 말문이 막혀 버렸다.)

　수빈이는 할아버지가 왜 '여우같다'는 표현을 하는지에 대해 자주 질문을 하여, 여우는 무섭기만 한 동물이 아니라, 영리한 동물이기도 하다고 설명을 해 보았지만 이상하게 생각한다.

　또한 할머니가 '혼이 났다'는 말을 할 때마다 수빈이는 "누가 할머니를 야단쳤어?"라고 되묻는다. 유아에게 있어서 '혼이 났다'는 말은 야단맞을 때밖에 없었기에 이 의미의 차이는 다른 사람들과의 상호작용 속에서 터득하게 될 것이다.

　'기가 막힌다'는 표현 또한 설명하기에는 한계가 있다. 사회적인 관계 속에서 점차 배우게 될 것이다.

4. 아빠 60으로 달려

숫자의
의미

2017년 12월(6세 3개월)

출근하는 아빠와 엄마와 함께 차를 타고 유치원으로 가는 길에 마포대교를 건너고 있었다.

> **수빈:** 57, 58, 59, 60……. 아빠, 아빠! 60 넘었어.

수빈이는 차의 계기판을 보고 있었다.

> **아빠:** 왜? 뭐가?
> **수빈:** 아빠, 이 길은 60이야.
> **아빠:** 뭐가 60이라는 거야?
> **수빈:** 아빠. 저기 길 옆에 표지판에 60이라고 되어 있잖아.

아빠는 수빈이가 설마 속도에 대해 이야기하고 있다는 생각을 하지 못했다.

아빠: 우리 수빈이가 '속도'도 알아? 대단하네.

수빈: 아빠 지금 45로 내려갔어. 빨리 60으로 올려.

엄마: 하하하! 수빈아, 60이라고 써 있으니까 꼭 60으로 달려야 하는 줄 알았구나? 표지판의 60은 그 속도를 넘으면 안 된다는 뜻이야. 60까지 올리라는 것은 아니야.

수빈: ???

　'수 개념' 역시 생활 속에서 배우게 된다. 아파트에 사는 아이는 아파트의 동과 호수, 엘리베이터 안의 층을 표시하는 버튼을 누르면서 숫자를 배우게 된다. 나무가 많은 동네에 사는 아이는 나무 수와 나뭇잎의 수를 세고, 또 전깃줄에 참새가 몇 마리가 있는지를 세며 수를 배우게 된다.

　숫자를 읽어도 그것이 얼마만큼인지 모르면서 읽기도 한다. '숫자'는 실제 사물의 양이나 순서를 의미하는 상징적 부호라는 것을 이해하기 시작하게 되며, 이렇게 일상생활 속에서 숫자의 의미를 체험함으로써 수 개념을 형성해 가게 된다.

언어와 수 개념 발달 도와주기

'언어와 수 개념'은 논리적인 사고와 함께 발달하고 성인이나 동료들과의 상호작용을 통해서 배우게 됩니다. 모국어는 생활 속에서 자연스럽게 배우게 되는데, 외국어의 경우도 상황 속에서 배우게 됩니다. 따라서 '말하기, 듣기, 읽기, 쓰기'는 인지 수준보다 너무 빨리 강요하기보다는 자연스러운 상황에서 알고 싶어 할 때, 알 필요가 생겼을 때 습득하도록 도와주는 것이 바람직합니다. 이해도 하지 못하는데 쓰거나 읽게 하면 기계적인 학습이 되어서, 언어와 수 개념 습득이 오히려 늦어질 수 있습니다.

언어와 수 개념 습득을 돕기 위해서는 다음의 방법으로 해 보세요.

1. **새로운 단어와 용어를 설명해 주기**
   생활 속에서 새로운 단어가 나타났을 때 아동이 질문을 하면 알 수 있게 설명해 주기
2. **새로운 단어를 반복해서 사용해 보게 하기**
   새로 습득한 단어를 활용해 볼 수 있는 기회를 만들어 주기
3. **카드나 편지를 써 보게 하기**
   글을 읽거나 쓰기 시작하면 가족이나 친구에게 '사랑해' '미안해' '감사해'와 같은 마음과 생각을 글로 표현해 보게 하기

III. 직관적 사고와 상상력

　　3~6세 유아는 인지, 지능, 언어, 학습 등에서 큰 성장과 발달을 보이는데, 사고가 '직관적'이고 '자기중심적'이다. 예를 들면, 지구와 태양, 구름 등 모든 자연현상이 자기를 중심으로 움직이고 있다고 생각하며, 사회적인 관계에서도 내가 좋아하면 다른 사람들도 다 좋아할 것이라고 생각한다.

　　또한 모든 사물이 다 생명이 있다고 생각하는 '물활론적 사고'를 하므로, 주변 사물들도 인간과 같이 생명이 있다고 생각하고 애착심을 갖는다. 예를 들면, 이불이나 책상도 때리거나 두드리면 아플 거라고 생각하고, 이불이나 인형, 장난감 등에게도 애정의 표현을 한다.

　　이러한 직관적이고 자기중심적인 논리와 생각들은 '상상'과 '연상'을 불러일으키고, 이들은 '창의적인 사고'의 기본이 된다. 또한 '기억'과 '초인지적' 발달도 이루어진다.

1. 날 자꾸 따라와

2013년 9월(2세)

어린이집에서 나와서 서울역사 박물관 앞 광장으로 산책 가는 길에 자기 앞에 가는 그림자를 발견한 수빈이는 너무 무서워하며 그림자를 밟지 않으려고 요리조리 피해 본다. 그러나 아무리 노력해도 그림자가 여전히 앞에 나타나자,

> **수빈:** 하미, 무서워. 괴물…….
>
> **할머니:** 괜찮아. 그건 괴물이 아니고, 수빈이 그림자야.
>
> **수빈:** ???
>
> **할머니:** 저기 봐. 햇님이 있잖아? 그 햇님이 빛을 비춰 주는데, 네 몸이 가려서 너하고 똑같은 모습이 생기는 거야.
>
> **수빈:** 그래도 무서워.

수빈이는 역사 박물관 앞 광장의 색깔 있는 블록 위에서 뛰어놀기를 아주 좋아하였다. 분수대에서 물이 뿜어져 나오는 모습을 신기해하면서 떠나기를 싫어하였다. 이제 그만 놀고 집에 가자고 설득하여 돌아가는데, 시간이 지나자 그림자가 더 길어졌다. 그리고 할머니와 나란히 걸으니 이번엔 두 개의 그림자가 나타났다.

수빈: 하미, 그림자 또 나왔어. 하나 더 왔어.

할머니: 응, 하나는 수빈이 그림자, 또 하나는 하미 그림자야. 잘
봐, 하나는 수빈이고, 또 하나는 하미 모양이잖아?

수빈: 근데, 왜 자꾸 우리 따라와?

할머니: 수빈이하고 하미가 움직이니까 그렇지. 우리가 그냥 서 있
어 보자. 그림자가 어떻게 될까?

우리가 멈춰 서니 그림자도 가만히 있자, 수빈인 '요 때다' 하고 빨리 뛰
어 도망쳐서 세워 놨던 차 앞으로 달려갔다.

　유아는 여러 가지 자연현상을 자기중심적으로 생각하며 '그림자'가 나를 따라오는 움직이는 사물이라고 생각한다. 물체가 햇빛을 가림으로써 나타나는 그림자의 존재를 이해하기까지 계속 그림자를 무서워하면서도 호기심을 보인다. 그림자가 나타나는 현상은 여러 가지의 경험을 통해 이해하게 되므로 조급하게 생각할 필요는 없다.

　일 년쯤 지났을 때, 수빈이는 이제 그림자란 생겼다가 없어지고, 어떤 사물이 아니라는 것을 알게 된 것 같다. 또한 그림자의 모양이 달라지는 장면을 보면서 즐거워하며, 공포심도 사라지게 되었다. 전등 앞에 손이나 다른 물체를 놓고 움직여 보는 그림자 놀이를 함께 해 보면 그림자의 존재를 이해하는 데 도움을 줄 수 있다.

2. 구름을 먹고 싶어

상상력

2015년 5월(3세 8개월)

어린이집에서 나오자마자 뭉게구름이 높이 떠 있는 하늘을 쳐다보더니,

수빈: 할머니, 하늘의 구름 좀 봐. 먹고 싶다. 솜사탕 같아.

할머니: 할머니가 먹게 해 줄까?

수빈: 어떻게?

할머니: 사다리 타고 구름 따러 갈까?

수빈: 그러자.

할머니: 할머니가 구름을 따 주고 싶은데, 구름이 너무 높아서 그렇게 긴 사다리는 찾을 수 없을 것 같애. 우리 그냥 구름 따먹는 생각만 하자.

수빈: 구름은 왜 그렇게 높은 데 있어? 구름은 어떻게 해서 생겼어?

할머니: 응. 땅에 있는 물방울들이 더워지면 하늘로 올라가는데, 하늘 높은 곳은 춥기 때문에 물방울들이 서로 뭉쳐 있는 거야.

수빈: 그러다가 떨어져?

할머니: 응, 그러다가 무거워지면 떨어져서 비가 되고, 겨울엔 눈이
되지.

수빈: 겨울엔 왜 눈이 와?

할머니: 추워서.

수빈: 겨울엔 왜 추워?

할머니: 겨울엔 우리가 살고 있
는 땅이 햇님으로부터
멀어지기 때문이야.

수빈: 오늘은 햇님이 없네. 햇님
이 어디 갔어?

할머니: 햇님은 구름 뒤에 있는데,
구름에 가려서 안 보이는
거야.

수빈: 그럼, 밤에는 햇님이 어디
로 가?

할머니: 밤에는 햇님이 어디 가
는 게 아니라 우리가 서
있는 땅이 움직이는 거야.

수빈: 아니야. 밤에는 햇님이 엄마 아빠 있는 집으로 가는 거야.

할머니: 그래, 햇님도 밤에는 좀 쉬어야겠구나.

　더 이상의 설명은 수빈에게 너무 부담스러울 것 같아서 그냥 수빈이의
설명을 받아들였다.

    어른들은 구름을 보면서 무슨 생각을 할까? 수빈이가 구름을 보면서 솜사탕 같다며 먹고 싶다고 했을 때 정말 따다 주고 싶은 마음이 들었다. 잠시 우리는 구름을 따 먹는 상상을 하며 즐거워하였다. 3세는 '상상력'이 가장 풍부한 때이다.

    이러한 상상력은 '창의성'의 성장과 발달에 매우 중요하므로 유아기에는 사실성을 너무 강조하기보다는 마음껏 상상해 보도록 대화를 이어 가는 것이 바람직하다. 동시에 '자연현상'에 대한 질문에 이해할 수 있는 범위 안에서 설명해 주는 것도 필요하다.

3. 은행잎과 칩스

2015년 11월(4세 2개월)

　수빈이가 아빠와 함께 마을 산책을 하던 중에 은행나무가 노랗게 물들어 떨어져서 쌓여 있는 모습을 보면서 대화를 하였다.

> **아빠:** 수빈아. 저 나뭇잎들 좀 봐. 예쁘지?
>
> **수빈:** 응, 할아버지가 맥주 마실 때 먹는 과자 같애.
>
> **아빠:** 그래?
>
> **수빈:** 바삭바삭하고, 먹으면 맛있을 거 같애. 먹으면 안 돼?
>
> **아빠:** 응. 나뭇잎에 먼지가 묻어 있어서 먹으면 안 돼. 할아버지 집
> 　　　에 가서 먹자.

　유아기는 '연상력'이 가장 왕성한 시기이다. 이렇게 풍부한 연상력은 성인이 되면 많이 사라지는데, 이 연상력이야말로 창의성의 기본이다.

　성인이 고정관념적인 것에 비해, 유아는 새로운 것을 볼 때 자기가 이미 알고 있었던 것에 비유하여 연결시키는 자발성을 보인다. 이러한 유아의 '자발적 연상'과 '비유'는 주변의 성인들이 함께 공감해 주며 북돋아 주어야 할 중요한 특성이다.

　실제로 프링글스(Pringles)라는 콘칩스는 떨어져서 쌓여 있는 낙엽을 보고 만들어 낸 산물이라고 한다.

4. 나중에 탄 사람이 왜 먼저 내려?

논리적
사고

2015년 3월(3세 6개월)

수빈이와 엘리베이터에 탔다. 수빈이네 집은 18층인데, 이제 18이라는 숫자를 기억하여 버튼을 제법 잘 누른다. 그런데 우리가 엘리베이터에 타고 난 다음에 한 청년이 탔다. 낯선 사람을 만나면 수줍어하는 수빈이는 숨을 죽이고 가만히 서 있는데, 그 청년이 10층에서 내렸다.

> 수빈: 할머니, 저 오빠는 나중에 탔는데 왜 먼저 내려?
> 할머니: 수빈이네는 18층이고, 저 오빠는 10층이라서 수빈이네가 더 높은 데 살거든.
> 수빈: ???
> 할머니: 여기 이 버튼을 좀 봐. 18층이 10층보다 높은 데 있지?

그다음 어느 날, 엘리베이터에 나중에 탔던 13층에 사는 사람이 먼저 내리자 수빈이는 또 질문을 하였다.

> 수빈: 할머니, 저 언니는 왜 먼저 내려? 우리가 먼저 탔는데……
> 할머니: 수빈아. 여기 엘리베이터 버튼을 좀 봐. 우리는 18층으로 가는데, 저 언니는 13층에 살잖아? 13층이 18층보다 더 낮으니까 먼저 내리는 거야.

수빈: !!!

수빈이는 이 아파트에 사는 사람들은 '순서대로 타고 내리는' 질서를
왜 지키지 않는지 이해가 되지 않는다는 표정이다.

　수빈이네 아파트의 엘리베이터를 타면 버튼이 왼쪽은 1층부터 12층까지로 되어 있고, 오른쪽은 13층에서부터 24층의 순서로 아래위 두 줄로 배열되어 있다. 그래서 수빈이는 그 버튼을 보고 '높고 낮음'을 알게 된 듯하였다. 그런데, 또 문제가 생겼다. 이번에는 8층에서 어떤 아저씨가 내렸다.

　수빈: 할머니, 저 아저씨는 우리보다 높은 데 사는데, 왜 먼저 내려?

　할머니: 8층은 18층보다 낮아.

　수빈: 할머니 여기 이 버튼을 봐. 8층이 18층보다 더 높은 데 있잖아.

　할머니: ??? 응, 이 버튼은 1부터 12층까지 있은 다음에 또 13부터 시작되니까 그런 거야.

　수빈: ???

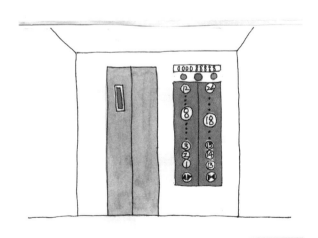

엘리베이터를 타고 18층 버튼을 눌렀다. 그런데 오늘은 수빈이가 버튼의 배열을 보면서, 손가락으로 가리키며 내게 설명을 해 주었다.

> **수빈:** 여기 1층에서 12층까지 올라간 다음에 13층으로 가는 거야.
>
> **할머니:** 오! 수빈이가 이제 그걸 알아? 그럼 13층이 더 높은 거야? 12층이 높은 거야?
>
> **수빈:** 13층이 더 높은 거야.
>
> **할머니:** 정말? 그럼, 8층하고 18층은 어떤 것이 더 높은 거야?
>
> **수빈:** 18층.

수빈이가 아파트의 '층수 개념'과 버튼의 표시된 '숫자와의 관계'를 이해하고 말하는 것인지, 그냥 말로 배워서 그렇게 말하는 것인지는 아직 확신이 없다. 그러나 이제 왼쪽과 오른쪽으로 나뉜 버튼의 숫자 배열 원리는 이해하는 것 같았다.

어린이집에서 아파트에 도착하여 차에서 먼저 내린 수빈이가 아파트 창문들을 올려다보고 있었다. 날이 일찍 어두워져서 5시 반인데도 벌써 창밖으로 불빛들이 새어 나오고 있었다.

> 할머니: 수빈이네 집이 어디인가 찾고 있는 거야?
>
> 수빈: 응.
>
> 할머니: 어디일까?
>
> 수빈: 모르겠어.
>
> 할머니: 할머니 생각엔… 저기인 것 같애.
>
> 수빈: 어디, 어디? 어디를 말하는 거야?

수빈이는 할머니가 손으로 가리키는 방향이 어디인지 감을 못 잡고 안타까워하였다. 드디어 수빈이에게 '높이'에 관한 감각을 갖게 할 좋은 기회라 생각되어 집에서 동생 수아를 돌보고 있는 이모님에게 전화를 하여서 창으로 얼굴을 좀 내밀어 달라고 부탁하였다. 이모님과 수아가 창으로 얼굴을 보였는데, 웬걸, 할머니가 생각했던 그 창문이 아니라 다른 방향에서 얼굴이 보이다가 없어지곤 하였다. 할머니도 의아해서 이모에게 전화하여 다시 한번 얼굴을 내밀어 보라고 부탁했더니 이모님이 머리를 보이며, "수빈아!" 하고 불러 주었다.

> 할머니: 어머나, 할머니가 생각했던 곳이 아니라 오른쪽인가 봐.
>
> 방금 이모님과 수아 얼굴이 보였던 그 집이 너희 집이야. 알 겠어?

수빈: ??? 잘 이해가 안 돼.

할머니: 그래? 그럼 집에 올라가서 보자.

집에 올라가자마자 창문으로 다시 보려고 나가니 이모가 하는 말이 거실 베란다가 아니라 부엌 창문에서 보아야 주차장이 보인다고 한다. 그래서 부엌 베란다에 나가서 수빈이를 들어 올려서 주차장을 보여 주었는데도 수빈이는 그것이 우리가 서 있었던 그 장소라는 것을 믿기 어려워하였다. 그래서 주차장에 세워 놓은 할머니 차를 보라고 했더니 그때서야 그 장소임을 알겠다는 표정을 보였다.

　수빈이는 먼저 탄 사람이 먼저 내려야 한다는 '질서' 개념을 아파트 엘리베이터 타는 순서에 적용하려 하였는데, 엘리베이터 층수와 갈등이 생겼다. 엘리베이터 층을 이해하기 위해서는 '위·아래'와 '높고 낮음'에 대한 이해가 필요하다.

　엘리베이터 버튼에 표시되어 있는 '숫자'의 상징적인 의미와 '높고 낮음'에 대한 연결은 또 다른 이해를 필요로 한다. 논리적 사고력과 함께 '높이'에 관한 실제적인 경험을 오랫동안 함으로써 비로소 이해하게 된 것 같다. 언젠가 수빈이가 예전에 이러한 질문들을 했던 것을 기억할까?

　이러한 주변 상황 속에서 겪게 되는 '수, 길이, 높이, 넓이, 부피'에 관한 감각적 체험들은 '논리적인 사고'와 '수학적 사고' 발달에 매우 중요한 역할을 한다.

5. 모래는 느낌이 부드러워

시간
개념

2015년 4월(3세 7개월)

어린이집에서 하원하는 차 안에서,

> **할머니:** 수빈아. '내일'은 엄마가 어린이집으로 데리러 갈 거고, 할
> 머니는 '모레' 갈게.
>
> **수빈:** '모래'는 느낌이 부드러운데……
>
> **할머니:** 응, 수빈이는 놀이할 때의 모래를 생각했구나. 그 모래는
> 느낌이 부드럽지. 근데 할머니는 내일 다음의 모레를 말하
> 는 거야.
>
> **수빈:** 모레가 언젠데?
>
> **할머니:** 내일의 내일이야.
>
> **수빈:** ???
>
> **할머니:** 한 밤 자면 내일이 오지? 내일에서 한 밤을 더 자면 모레가
> 돼.
>
> **수빈:** 그럼 '어제'는?
>
> **할머니:** 어제는 오늘이 오기 전.
>
> **수빈:** '그저께'는 언제야?

할머니: 한 밤 자기 전이 어제잖아? 근데, 어제에서 또 한 밤 자기 전. 그러니까 두 밤 자기 전.

수빈: 그럼, 아주 '옛날'이야?

할머니: 어제보다는 더 옛날이지.

2017년 11월(6세 2개월)

수빈이의 달력에 표시된 날들

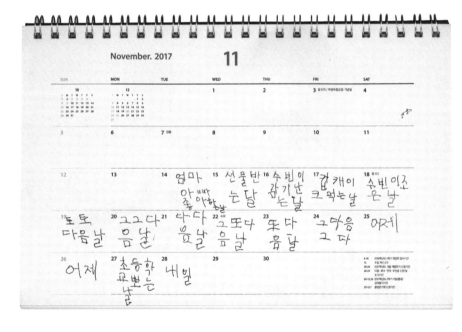

　'시간'은 유아에게 있어서 가장 이해하기 힘든 개념이다. 몇 년 전에 필자가 '아동의 시간 개념 연구'를 하기 위해 초등 1학년 아동들에게 하루에 몇 시간 자느냐고 질문을 했더니, 어떤 아동은 '1초 동안' 잔다고 하였다. 어떻게 잠을 그렇게 조금 자느냐고 질문을 했더니, "눈을 감았다 뜨면 아침이 오니까요."라고 답했던 적이 있었다.

　지금 수빈에게는 지나간 시간은 다 '어제'이고, 미래에 올 시간은 모두 '내일'에 해당되는 것 같다. '모레'와 '그제'의 개념은 설명을 해도 이해가 되지 않는다. 그제는 먼 옛날이고, 모레는 먼 훗날일 뿐…… 10년이 하루처럼 지나가 버린 어른들에게도 지나간 일들은 모두 '어제'이고, '내일'이나 '모레'는 다 '미래'일 뿐이 아닐까?

　"어제는 유치원에서 뭐 했어?" "내일은 뭘 할까?" "모레는 ○○의 생일이야."와 같이 시간과 관련된 질문들은 '시간에 대한 감각과 지각발달'을 촉진시킨다.

6. 할아버지 핸드폰이 어디에 있을까?

상상과
추리력

2015년 5월(3세 8개월)

일요일 오후에 수빈이가 할머니 집에 와서 놀고 있는데, 할아버지께서 핸드폰을 잃어버렸다며 찾고 있었다. 할머니가 할아버지 폰으로 전화해 봐도 아무 데서도 소리가 울리지 않자 할아버지는 당황하여서 이 방 저 방으로 찾아다니게 되었다. 이 모습을 본 수빈이가 갑자기 "할머니, 무서 워." 하며 할머니에게 바짝 붙는다. 할머니는 "괜찮아. 무섭긴 뭐가 무서 워? 수빈이가 할아버지 핸드폰을 좀 찾아 드리면 되지." 했더니, 수빈이 는 할아버지에게로 다가갔다.

> 수빈: 할아버지, 오늘 쉬했어?
>
> 할아버지: 응, 근데, 그건 왜 물어?
>
> 수빈: 할아버지가 쉬할 때 핸드폰이 변기에 빠진 것 아냐?
>
> 할아버지: ???

순간 할아버지는 허리를 구부릴 때 핸드폰이 빠질 수 있다는 생각을 하게 되었고, 아침에 교회에 갈 때 교회에 기증할 도서들을 차 트렁크에 넣었다는 생각을 하게 되었다. 그래서 수빈이를 데리고 주차장으로 나가 서 차 트렁크를 열어 보았더니, 예상대로 핸드폰이 차 트렁크 바닥 구석 에 있었다. 할아버지는 수빈이 손을 잡고, 기분 좋게 집으로 들어오셨다.

할아버지: 수빈이가 이야기해서 내가 허리 구부렸던 생각이 나서 핸드폰 찾았어. 수빈이는 꼬마 탐정이야.

할머니: 수빈이는 머릿속에서 어떻게 그런 생각을 했을까? 오늘 할아버지를 위해 아주 좋은 일을 했구나.

수빈: 응, 저절로 그런 생각이 났어.

할머니: 수빈이 최고!

　물건을 잃어버렸을 때 우리는 대개 그 이전의 상황들을 되돌이켜 보며 가능성 있는 장소들을 찾아본다. 성인은 대부분 일상적인 상황들에 국한하여 회상하는데, 유아는 엉뚱한 장면을 '상상'한다. 아마도 수빈이는 변기에 다른 물건을 빠트렸던 경험이 있었는지, 할아버지로 하여금 일상적인 회상에서 벗어난 엉뚱한 '추리'를 하도록 하여 문제 해결에 중요한 역할을 하였다.

　며칠 후, 할아버지는 멋진 인형을 수빈이에게 선물하였다.

7. 내 머리 안의 책장

기억과
초인지

2017년 7월(5세 10개월)

수빈이는 아침마다 차에서 내려 아빠와 함께 손을 잡고 초등학교 돌담 길을 지나, 유치원으로 걸어간다. 언제부터인가 길을 걸어가며 아빠와 수수께끼 놀이를 시작하게 되었는데, 하루는 아빠가 '참새'를 알아맞추게 하는 수수께끼 문제를 냈다.

> **아빠:** 이것은 하늘을 날아다니는 동물이에요.
>
> **수빈:** 비둘기~!
>
> **아빠:** 땡~!
>
> **아빠:** 이 동물은 몸집이 아주 작아요.
>
> **수빈:** 음…….
>
> **아빠:** 이 동물은 땅에 떨어진 아주 작은 씨앗이나 곡식을 좋아해 요.
>
> **수빈:** 음……!!
>
> **아빠:** 뭘까~~요??
>
> **수빈:** 아… 아빠!! 생각이 날 것 같은데 잘 안 나! ㅠㅠ
>
> **아빠:** 괜찮아~~ 더 열심히 생각해 보면 기억이 날거야~

수빈: 음… 아빠 좀 도와줘.

아빠: 음… 그럼… 이름이 두 글자예요.

수빈: 까치~!!!

아빠: 땡~! 몸집이 아주 작아요~^^

수빈: 아~! 아빠 생각났어! 참새~!!!

아빠: 딩동댕~!!!

수빈: 아빠~! 참새가 있는 책이 내 머릿속 '책장'의 저~~뒤에 있었나 봐. 그 책을 앞으로 가져오느라 힘들었어. ㅠㅠ

아빠: 하하하. 우리 수빈이 머릿속에 '책장'이 들어 있었구나? 책이 몇 권이나 있니?

수빈: 100권~!

유아기에는 기억 용량이 늘어나고 스스로가 '기억'을 하기 위해 노력하게 된다. 수빈이는 여러 가지 단서로부터 기억하고 있는 '새' 이름을 생각해 내려는 노력을 하고 있다. 인간의 기억은 '장기기억(long-term memory)' 형태로 저장되어 있다가(수빈이는 '책장'이라고 표현했음.) 필요시 '작동기억(working memory)'을 통해 꺼내 올 수 있다. 이러한 과정을 수빈이가 어렴풋이 인식하고 있는 것 같다.

'자신의 생각과 능력'에 대해 알고 있는 지식을 '초인지(meta-cognition)'라고 하는데, 보통 유아는 자신의 능력에 대해 더 높게 생각하는 경향이 있다. 유아가 기억하고 있는 것을 이끌어 내도록 하는 질문과 단서 제공을 함으로써 '기억발달'에 도움을 줄 수 있다.

직관적 사고와 상상력 유지하고 발전시키기

유아기는 '직관적인 판단'과 '자기중심적 논리'를 가지고 있으므로 세상의 중심에 자기가 있고, 상대방의 입장에서 객관적으로 생각하기 어려운 시기입니다. 따라서 성인의 생각을 무조건 받아들이기를 기대하기보다는 우선 유아의 생각을 이해해 주고, 물리적이고 사회적인 여러 가지 경험을 통해서 다른 사람의 입장에서는 다르게 보이고 다르게 생각이 된다는 것을 이해하도록 기다리고 설명해 주는 것이 필요합니다.

또한 일상생활 속에서 나타나는 유아의 질문과 표현들을 부정하고 무시하기보다는 발전시키도록 격려해 줄 때 '창의성'의 기반이 이루어지게 됩니다. 너무 일찍부터 논리적이고 성인중심의 정답만으로 지도하면 유아의 '상상력'은 줄어들며, 점차 성인의 정답에 맞추게 되어서 자기 생각을 갖기 어렵게 되기 때문입니다.

여러 연구 동향을 볼 때 유아나 초등학교 저학년 시기의 아동은 창의성이 높다가 초등학교 4학년 즈음부터는 사실적 판단에 치중되어서 '상상력'과 '창의성'이 줄어드는 경향이 있습니다. 따라서 '논리적 사고'와 '창의적 사고'를 함께 유지·발전시키도록 일상적인 대화를 통해 다음과 같은 안내가 필요합니다.

1. **직관적인 상상의 표현**
   상상적·연상적인 표현을 할 때 함께 공감하고 상상력을 발휘할 수 있도록 북돋아 주기
2. **논리적인 사고의 촉진**
   상상했던 어떤 사물이나 현상에 대해 설명해 보게 하기
3. **자기 생각의 발전**
   상상했던 사물이나 현상과 논리적 설명을 종합하여 자기만의 생각과 계획을 표현해 보게 하기

Ⅳ. 자연과 우주에 대한 관심

유아는 주변에서 접하게 되는 '자연환경'에 많은 관심을 보인다. 물과 공기, 바람, 비와 눈, 해, 달, 우주까지 우리가 접하게 되는 무한한 자연환경은 끊임없는 호기심과 탐구의 대상이 된다. 특히 동물과 식물에 관한 관심이 많다. '물활론적 사고'의 경향으로 동·식물을 인간화하여 생각하는 시기이다. 이러한 생각은 아동기에 접어들어 자연스럽게 이해하게 되지만, 유아기의 이러한 '식물과 동물에 대한 관심과 사랑'은 유지시켜 주어야 할 중요한 측면이다.

여기서는 주로 물과 나무, 새, 지구와 우주 등에 관한 관심을 어떻게 표출하는가의 사례들이 소개되는데, 이 밖에도 구름과 낙엽 등에 관한 사례들은 앞의 '직관적 사고와 상상력' 영역에서 소개하였다.

1. 새는 왜 똥을 변기에 안 싸?

동물의
의인화

2015년 7월(3세 10개월)

어린이집에서 수빈이네 아파트에 도착하여 차에서 내려 보니 차 유리
창에 새가 실수를 해 놓았다.

> **할머니:** 오늘 큰아빠네가 이사를 해서 그 아파트 주차장에 차를
> 세웠더니, 새가 할머니 차에 응가를 했네.
>
> **수빈:** 큰아빠 집에는 나무가 많은가 봐.
>
> **할머니:** 응. 시원하라고 길가 나무 밑에 차를 세워 놨더니…….
>
> **수빈:** 근데 새는 왜 똥을 변기에 안 싸고 할머니 차에 싸?
>
> **할머니:** 새집에는 변기가 없어.
>
> **수빈:** 왜?
>
> **할머니:** 새는 나무 위에 집을 짓고 살거든. 새는 우리 같은 집이 없어.
>
> **수빈:** ??? 그럼, 왜 똥을 길에 안 싸고 할머니 차 위에 싸?
>
> **할머니:** 새가 땅인지 차인지 그걸 구별하겠니?
>
> **수빈:** 새는 아무 데나 똥을 싸?
>
> **할머니:** 새집은 나무 위에 있어서 거기서 똥을 누면 어디에 떨어질지
> 를 모르나 봐.

이때 아파트 옆, 나무들 위에 있던 새들이 '획' 하고 날아갔다.

수빈: (울상을 하며) 할머니, 새들이 어디 가?

할머니: 응, 새들이 배고파서 엄마 아빠 있는 집에 가나 봐.
　　　　너도 이제 집에 들어가자.

수빈: 응, 새야 잘 가. 내일 또 만나. 안녕.
　　　새집은 어디 있어?

할머니: 글쎄, 어디 있을까? 집이 멀리 있는 새도 있고, 가까이에 있
　　　　는 새도 있고, 어떤 새는 추울 때는 멀리 따뜻한 곳으로 갔
　　　　다가, 따뜻할 때 다시 오는 새도 있어.

수빈: 추우면 왜 멀리 날아가?

할머니: 응, 따뜻한 집이 없어서.

새에 대한 수빈이의 궁금증은 끝없이 이어지곤 하였다.

이 시기의 유아는 동물을 인격화하여 사람과 동일시한다. 수빈이는, 특히 새들을 좋아하고 관심이 많았다.

어린이집에서 하원할 때 바로 옆의 교회 마당에 짹짹이를 보러 가자고 하여 새들과 말을 하곤 하였다. "새야, 안녕? 거기서 뭐해?" "너 어린이집에 갔어?" 새들은 짹짹거리며 응답을 해 주곤 하다가, 수빈이가 더 다가가면 '휙' 하고 날아가 버린다.

2. 나무가 피부병에 걸렸나 봐

나무와 꽃을 좋아하는 수빈이는 길을 가면서 나무마다 유심히 관찰하고, 인사를 하곤 한다. '나무야 안녕?' 하면서 대화도 한다. 어느 날 엄마와 함께 아파트 앞 보도블록에 있는 나무 옆을 지나가다가 수빈이가 갑자기 나무 앞에 멈춰 섰다.

수빈: (나무를 한참 동안 바라보며) 나무가 이상해.

엄마: 어? 뭐가 이상해?

수빈: 이것 좀 봐 봐. 나무가 아픈 것 같아.

엄마: 어? 어디가 아픈 거 같아? 잘 모르겠는데.

수빈: 나무가 피부병에 걸렸나 봐.

엄마: 어디? 왜? 뭘 보고 그렇게 생각했어?

수빈: (나무의 줄기를 만지면서) 나무껍질에 동그랗게 뭐가 났어.

나무가 피부병에 걸렸다면서 수빈이가 너무나 안타까운 눈으로 나무를 바라보자, 엄마도 나무줄기를 자세히 관찰해 보았다. 나무줄기가 매끈하지 않고 울퉁불퉁한데, 수빈이 말대로 동그랗게 뭐가 난 것처럼 보였다.

엄마: 어, 정말 그렇네.

수빈: 엄마, 나무가 아프면 병원에 어떻게 가?

엄마: 응. 나무가 아프면 병원에 가지 못하고 나무를 고쳐 주러 나무 의사선생님이 와야 해. 나무가 아프면 영양제도 맞고, 나뭇가지를 잘라 주기도 해.

수빈: (울상이 되어서) 너무나 아프겠다. 나무야.

수빈이는 나무를 꼭 껴안아 주었다.

수빈: 나무야, 아프지 마. 내가 약 사다 줄게.

　수빈이는 나무를 친구처럼 사랑한다. 나무가 병원에 가지 못해서 어떻게 해야 하는지를 걱정하고, 나무가 아프니 무엇인가를 해 주고 싶어 하는 마음을 표현하였다. 정말로 그 동그란 점(?)들이 나무가 아픈 건지, 나무줄기의 무늬인 건지 엄마도 알지 못해서 더 이상 설명을 해 주지 못했다고 한다.

　어른의 눈에 스쳐 지나가 버리는 것도 아이의 눈에는 더 예민하게 느껴진다. 나무의 생명을 사람처럼 귀하게 여기는 순수한 '사랑'과 예민한 '관찰력'은 어른이 본받아야 할 점이다.

3. 네잎클로버는 어디에?

식물에
대한 관심

2016년 6월(4세 9개월)

수빈이는 자연에 관심이 많다. 동물에도 관심이 많지만 식물에 관한 관심이 유난히 많아서 꽃이나 나무를 그냥 지나치지 않고 냄새를 맡고, 이름을 물어보며, 색깔은 어떤 색인지 말하기도 하고, '참 이쁘다.' 하며 어루만지기도 한다. 나뭇가지나 잎은 절대로 꺾지 않고, 땅에 떨어진 꽃잎은 주워서 할머니에게 주기도 하고, 엄마한테 준다고 들고 오기도 한다.

어린이집에 다닐 때는 나오다가 어린이집 앞의 화단에서 꽃 냄새를 맡고, 옆에 있는 교회 마당 안에 들어가 꽃과 나무들을 보기도 하고, 길가 화단에 피어 있는 꽃들을 어루만져 주기도 하였다. 지금 다니고 있는 유치원은 대학 캠퍼스 안에 있어서 수많은 종류의 꽃과 나무들을 보면서 나오느라 시간이 매우 많이 걸린다.

봄이 오자 캠퍼스 안에 핀 철쭉과 진달래꽃을 보며 그 위를 달려 올라가기를 좋아한다. 수빈이는 그 꽃 사이로 뛰어서 올라가는 것이 마치 천국의 계단을 올라가는 듯 즐거워 보인다. 할머니는 한두 번 함께 올라갔다가 따라가지 않고 있어도 수빈이는 혼자서 뛰어올라가다가 너무 멀리 간 듯 싶으면 그제서야 뒤를 돌아보곤 한다.

캠퍼스를 한없이 뛰어다니고 싶어 하는 수빈이를 간신히 차에 태우고 아파트에 도달하자,

> **수빈:** 할머니, 내 집 정원 좀 보여 주고 싶어.
>
> **할머니:** 정원? 네 집 정원이 어디 있는데?
>
> **수빈:** 저기 저기… 저기 가면 얼마나 꽃이 많이 피어 있는데…….
>
> **할머니:** 꽃? 너 학교에서 꽃을 그렇게 많이 봤는데, 또 꽃을 보자고?

아파트 안의 정원이란 것이 할머니가 보기에는 보잘것없고 별로 내키지 않는데 할 수 없이 또 끌려 들어갔다.

> **할머니:** 습하고, 꽃도 별로 없는 것 같은데…….
>
> **수빈:** 할머니, 이것 봐, 장미. 이게 '장미꽃'이야. 예쁘지? 장미는 가시가 있어. 냄새 맡아 봐. 냄새가 별로 안 나네…….
>
> **할머니:** 정말 장미가 있었구나. 수빈이 코에 가시 찔리겠다.

별로 눈에 띄지도 않는 구석에 장미꽃 몇 송이가 있었는데, 수빈이 눈에는 아주 아름답게 보였나 보다. 여기저기에 피어 있는 이름 모를 야생 풀들을 보며 참 예쁘다고 어루만지고 다니는 모습을 보면서 할머니는 아이의 마음이 참 아름답다고 느꼈다.

> **수빈:** (나무줄기 중간에 움푹 들어간 부분을 손가락으로 가리키면서) 할머니, 저 나무 좀 봐. 저 안에 두더지가 살고 있나 봐.
>
> **할머니:** 할머니 생각에는 두더지는 살지 않을 것 같애. 두더지는 땅

속에 살거든. 그런데 그 안에 정말 뭐가 살고 있는지 할머
니도 궁금한데…….

수빈이는 한동안 이것저것을 관찰하며 생각에 빠져 있는데, 할머니가
클로버 잎이 아주 많이 퍼져 있는 것을 발견하였다.

할머니: 수빈아 이것 봐. 여기 '클로버 잎'이 아주 많네.

수빈: 클로버? 이 잎이 클로버야?

할머니: 그래, 클로버 잎을 잘 봐. 잎이 몇 개로 되어 있어?

수빈: 하나, 둘, 셋… 세 개.

할머니: 응. 클로버 잎은 세 개로 되어 있는데, 그중에 네 잎으로 되
　　　　어 있는 게 있어. 그걸 찾으면 행운이 온대.

수빈: '행운'이 뭔데?

할머니: 응, 좋은 일이 생기는 거야.

수빈: 아. 나 그거 찾고 싶어.

　할머니와 수빈이는 네잎클로버를 찾으려고 많이 노력하였으나 찾지 못했다. 그래서 꽃만 따 가지고 와서 팔찌를 만들어 주었다. 그 후 아파트에 도달하기만 하면 네잎클로버를 찾으러 가자고 졸라서 가서 찾아보았지만 아직도 찾지 못했다.

　유아에게는 '자연에 관한 관심과 호기심', 그리고 자연을 보고 아름답게 느끼는 '심미성', 이러한 것들이 무한대로 펼쳐 있는데, 도시의 유아는 연령이 높아지면서 다른 장난감이나 사물들로 관심이 이전되어 간다.

　자연에 관한 이러한 관심과 즐거움, 기쁨을 '자연현상에 대한 탐구심'으로 이어지도록 꾸준히 유지시켜 주어야 할 것이다.

4. 나무는 마음이 있어?

나무의
의인화

할아버지가 운전하여 집으로 데리고 가는 차 안에서 수빈이가 할아버지에게 질문을 하였다.

수빈: 할아버지, 나무는 어떻게 결혼해?

할아버지: 나무는 한 몸 안에 남자와 여자 꽃가루가 있는데, 벌들이 남자 꽃가루를 여자 꽃에 묻혀 주면 결혼이 되는 거야. 그런데 은행나무는 남자나무와 여자나무가 따로 있어서 남자나무의 꽃가루가 날아와 여자나무와 만나면 은행 열매가 열리게 된단다.

수빈: 여자가 싫어하는 남자 꽃가루가 오면 어떡해?

할아버지: 할 수 없이 결혼해야지.

수빈: 아냐, 그러면 여자 꽃가루가 '탁' 하고 못 오게 막을 거 같애.

할아버지: 하하, 그럴 수도 있겠구나.

082 IV. 자연과 우주에 대한 관심

나무가 많은 대학 캠퍼스를 할머니랑 산책하던 중에, 또 나무 이야기를 이어 가게 되었다.

할머니: 수빈아, 너 며칠 전에 하비에게 나무가 어떻게 결혼하느냐고 물었다면서?

수빈: 응. 그런데 할머니, 나무는 '마음'이 있어?

할머니: 글쎄, 나뭇가지를 꺾으면 나무도 아플 테니 마음이 있을 수도 있겠구나.

수빈: '심장'도 있어? 나무도 생각을 할 수 있어? '뇌'는?

할머니: 수빈이가 아주 어려운 질문을 하는구나. 하나님이 나무는 사람하고는 다르게 만드셔서… 사람하고는 다른 것이 많아. 좀 더 알아보자.

　수빈이는 요즘 유치원에서 인간의 '몸의 구조'에 대해 배웠다고 한다. 그래서 '식물의 구조'를 인간의 몸의 구조와 비교하는 질문을 자주 한다. 이러한 질문들은 나무를 사람이나 동물과 동일시하는 물활론적 사고의 표현이라고 볼 수 있다. 그러나 무엇보다도 이 시기 유아의 '자연에 대한 호기심과 관찰력' '상상력'은 과학자의 그것보다 더 넓고 심오하기까지 하여, 좀 더 생각해 보자고 하여 탐색의 여지를 남겨 두었다.

　식물에 관한 수빈이의 질문에 호기심이 생겨서 『매혹하는 식물의 뇌』(S. Mancuso & A. Viola, 2013; 양병찬 역, 행성B이오스, 2016)라는 책을 구입하여 읽어 보니 식물은 동물처럼 눈과 귀, 심장, 장기는 없으나 냄새를 맡을 수 있는 후각, 빛을 감지할 수 있는 시각, 소리를 들을 수 있는 청각을 갖고 있다고 한다. 또한 식물 서로 간, 또는 동물과 의사소통을 하고, 잠을 자며, 기억을 하고, 심지어는 다른 종(種)을 조종할 수 있다고 한다. 이런 점들을 감안하면 식물은 뇌는 없으나, 문제 해결력이 있고 지능적이라고 할 수 있다.

5. 물이 나를 밀어 올려

물의
특성 1

2015년 7월(3세 10개월)

　수빈이가 엄마와 함께 대중목욕탕에 가게 되었다. 자리 하나를 차지하고 앉아 혼자 샤워를 하고, 머리를 감고, 온탕과 냉탕에 들어가기를 반복하며 즐거운 시간을 보내고 있었다. 그러다가 탕 안에서 점프를 몇 번 하더니,

> **수빈:** 엄마, 물이 나를 밀어 올려.
> **엄마:** 물이 너를 밀어 올린다고?
> **수빈:** 응. 엄마, 이것 좀 봐 봐. 내가 점프를 하면 물이 나를 밀어 올려.
> **엄마:** 정말 그러네.

　물이 자기를 밀어 올린다면서 신이 난 수빈이는 계속해서 탕 안에서 점프를 한다. 탕 안에서 점프를 하고 물장구를 실컷 치던 수빈이는 또 물에 대해 느낀 것을 이야기한다.

> **수빈:** 엄마, 물속에서는 발장구를 치면 가벼워.
> **엄마:** 뭐가 가벼워?

수빈: 물속에서 발장구를 치면, 힘이 안 들고 가벼워.

엄마: 응, 물속에서는 물 밖에서보다 수빈이가 움직이는 힘이 덜 드는 거야.

    수빈이가 '물의 부력'을 몸으로 체험하고 느끼면서 그 현상에 대해 물이 밀어 올린다는 표현을 한 것이다. 물의 부력을 과학적으로 설명해 주기에는 너무 어린 나이지만, 수영장 속에서 몸을 물에 띄워 보거나 또는 큰 대야나 욕조에 여러 가지 물체들을 담가 보고 띄워 보는 놀이를 통해서 물에 대한 신기함과 함께 물의 성질과 물의 부력에 대한 이해를 촉진시킬 수 있다.

6. 물은 왜 도망가?

물의
특성 2

2016년 4월(4세 7개월)

수빈이가 세수할 때마다 물은 왜 손에 안 잡히냐고 엄마한테 질문을 하였다고 한다. 할머니와 차 안에서 다른 이야기를 하다가 수빈이는 또 물 이야기를 꺼낸다.

> **수빈:** 할머니, 수영장 같은 데 갔을 때 사람이 들어가면 물은 왜 다른 데로 도망가?
>
> **할머니:** 오, 그래 맞아. 물은 다른 데로 가 버리는데…… 수빈인 왜 그렇다고 생각해?
>
> **수빈:** 내 생각엔, 바닷속이나 수영장 속에 물고기가 살고 있는 집이 있어서 그 물고기가 물을 빨아들이는 것 같아.
>
> **할머니:** 글쎄… 그럴 수도 있겠구나. 그리고 물은 양보심이 많아서 우리에게 들어오라고 양보하는 것 같기도 하지? 그런데, 물은 작은 알갱이들로 이루어졌는데, 그 알갱이들이 서로 붙어 있는 힘이 약해서 밀면 다른 데로 밀려나는 거야.
>
> **수빈:** ???
>
> **할머니:** 돌처럼 딱딱한 물건 안의 알갱이들은 서로 꽉 붙어 있어서 그 안으로 다른 것이 들어갈 수가 없고, 공기 안의 알갱이

들은 서로 더 떨어져 있어서 물건이 그 안으로 들어가면 더 많이 흩어지는 거야.

수빈: '공기'가 뭔데?

할머니: 아, 그건 눈에 보이지 않지만 우리가 숨쉴 때 코와 입으로 들어오는 거야. 우리가 있는 어디에나 있는 것이야. 공기가 없으면 우리가 숨을 쉴 수가 없어. 아, 참. 너 고무풍선 불어 봤지? 그때 풍선 안에 들어 있는 게 뭐야?

수빈: 그게 공기야?

할머니: 응. 그렇게 서로 떨어져 있어서 붙잡는 힘이 약한 상태로 있는 게 '공기'와 '물'이고, 나무나 바위, 땅 이런 것들은 그 안에 있는 애들이 서로 꼭 붙어 있어서 흩어지지 않고 딱딱한 거야.

수빈: ???

할머니: 엘리베이터를 탔을 때 그 안에 사람이 적게 있으면 우리가 금방 들어갈 수가 있지?

수빈: 응.

할머니: 그런데 엘리베이터 안에 사람이 많이 있으면 우리가 잘 들어갈 수가 있어?

수빈: 아니, 좁아서 들어가기 어려워.

할머니: 그래, 사람이 너무 많아서 꽉 차 있을 때는 못 타고 다음 엘리베이터를 기다려야 하지……. 딱딱한 물건들 속은 바로 그런 모양이야.

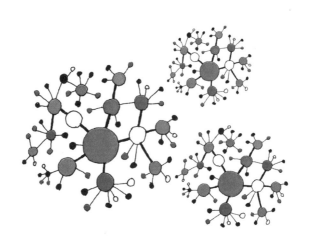

　만 4세의 수빈이에게 '기체'와 '액체', '고체'의 특징을 이야기해 주기가 너무 어려웠다. 그러나 수빈이가 관심을 갖고 지속적으로 질문을 하기에 이해할 수 있도록 엘리베이터에 사람이 많이 탔을 때와 적게 탔을 때에 비유하여 설명을 해 주었다.

　수빈이는 물에 어떤 생명력이 있어서 물러나는 것 같은 느낌을 갖고 있는 것 같고(물활론적 사고), 바닷속에서는 물고기가, 수영장 속에는 어떤 물체가 있어서 끌어당긴다는 마치 '중력' 같은 것을 느끼는 것 같기도 하였다.

7. 화산이 폭발하면 지구가 무너져?

자연현상에 대한 관심

2017년 2월(5세 5개월)

최근 우리나라에서 지진이 자주 발생하여, 사람들이 지진에 관심이 많을 때였다.

> **수빈:** 할머니, '지진'은 왜 생기는 거야?
>
> **할머니:** (두 손을 꼭 포개고 있다가 서로 밀려나는 모양을 보여 주면서) 하나로 붙어 있었던 땅이 갈라져서 서로 다른 쪽으로 틀어지는 거야. 이렇게……
>
> **수빈:** 오늘 유치원에서 지진이 나면 어떻게 하는지 배웠어.
>
> 그러면, '화산'은 왜 폭발하는 거야?
>
> **할머니:** 오! 수빈이가 화산도 알아? 우리가 사는 이 땅속의 아주 깊은 곳은 뜨거운데, 그 뜨거운 것들이 너무 뜨거워져서 견딜 수가 없을 때, 땅을 뚫고 튀어 올라오는 거야.
>
> **수빈:** 와. 무섭겠다. 그럼 사람들이 다 죽겠네.
>
> **할머니:** 응. 빨리 도망가야지.
>
> **수빈:** 그럼, 지진이 더 무서워? 화산이 더 무서워?
>
> **할머니:** 둘 다 무서운데, 할머니 생각엔 화산이 더 무서운 것 같애.
>
> 지진은 땅이 흔들리고, 갈라지는데, 화산에선 뜨거운 불길

이 올라오니까…….

수빈: 할머니, 그럼 화산이 폭발하면 '지구'가 무너져?

할머니: 오! 수빈이가 아는 것이 많구나. '지구'도 알아? 지구가 뭐 야?

수빈: 우리가 사는 땅이야.

할머니: 이 모자를 좀 봐(이때, 여기저기에 볼록볼록 튀어나온 곳이 있는 할머니의 털모자가 있었다). 여기 이렇게 한 개 두 개 화산이 폭 발했다고 해서 지구가 다 무너지지는 않아. 그런데 여기저 기에서 화산들이 많이 폭발되면 지구가 다 무너질 수도 있 겠지.

수빈: 그럼, 화산이 폭발하면 '우주'까지 올라가? 할머니, 난 우주 에 가고 싶어.

할머니: 우주도 알아? 우주가 뭔데?

수빈: 지구 밖으로 나가면 있어. 하늘로 높이 올라가면 우주로 갈 수 있어?

할머니: 우리가 사는 지구도 우주 안에 있는 거야. 우주 안에는 지 구도 있고, 달도 있고, 화성도 있고, 해도 있고… 여러 가지 것들이 있어.

수빈: …….

　유치원에 다니면서 수빈이는 여러 가지 측면에서 성숙하고 아는 것들도 많아졌다. 특히 '자연현상'에 대해서 많은 것을 배운 것 같다. 요즘, 경주 지역의 잦은 지진 발생으로 지진과 화산에 관심이 높아지면서 발생 원인도 궁금해하는데, 이는 초등학교 고학년에서 다루는 주제로서, 자세히 설명하는 데 한계가 있다.

　'지구'와 '우주'에 관해서도 느낌으로 막연하게는 알고 있으면서, 특히 우주에 대한 이야기를 할 때는 눈을 반짝거리며 호기심을 나타내곤 한다. 그러나 '포함관계'를 이해하지 못하는 유아에게 지구와 우주와의 관계를 이해시키기는 어렵다. 포함관계란 전체와 부분과의 관계, 즉 우리가 속한 모든 것들이 서로 더 큰 유목에 포함될 수 있다는 개념인데, 발달단계상 초등학교 중학년 정도가 되어야 이해가 가능하므로 지금은 생활 속에서 경험을 통해 깨닫게 해 주는 것이 필요하다.

8. 우리 집 새 식구 달팽이

동·식물
기르기

2018년 7월(6세 10개월)

수빈이는 초등학교 입학 이후 스스로 책을 많이 읽는데, 문장이 긴 책은 어른들에게 읽어 달라고 한다. 특히 식물과 동물 기르기를 좋아하여, 봄에는 봉선화와 나팔꽃, 샐비어 등 여러 가지 씨앗을 사다가 화분에 심고, 학교에 다녀오면 물을 주면서 잘 기르고 있다. 아빠가 어린이날 선물로 사 준 거북이 두 마리도 잘 키우고 있다.

어느 날, 아빠가 일찍 퇴근하여 『우리 집 새 식구 달팽이 여덟 마리』라는 책을 읽어 줬더니 달팽이를 잡으러 나가자고 하여, 아빠는 처음에는 당황했다. 그러나 수빈이가 계속 졸라서 아빠가 수빈이와 함께 문방구로 가서 채집통을 사서 동네에 나가 살펴보게 되었다. 아빠는 도심의 아파트 주변에 달팽이가 있을 거라고 예상을 못 했었는데, 놀랍게도 여러 마리의 달팽이를 채집할 수 있었다고 한다.

수빈이는 열심히 달팽이를 관찰하며 메모지에 다음과 같이 기록했다.

〈우리집 달팽이〉

달팽이 생일: 7월 4일

달팽이 먹이: 당근, 호박, 배추, 시금치, 케익(이크)

달팽이 똥 종유(류): 당근을 먹으면 주황색 똥이 나와

호박을 먹으면 노란색 똥이 나와

배추(속)잎을 먹으면 연두색 똥이 나와

시금치를 먹으면 초록색 똥이 나와

　수빈이의 '자연에 대한 관심'과 '호기심'이 이제는 그것에 대해 책을 읽고, 직접 기르며 관찰하여 동물의 특징을 글로 적는 '탐구 활동'으로 이어지고 있다.

　이때 부모가 함께 관심을 보이고 탐색하며 격려해 주는 분위기를 유지해 주는 것이 필요하다. 아빠도 달팽이에 대해 책을 읽으면서 몰랐던 것에 대해 많이 알게 되었다고 한다.

자연환경에 관한 호기심과 탐구심 유지시켜 주기

　자연현상에 관한 질문을 할 때 어찌 대답해 줘야 할지 몰라 당황할 때가 많은데, 모든 것을 다 설명해 줄 필요는 없고, 이해할 수 있는 내용에 비유하여 설명해 주는 것이 효과적입니다. 자연현상에 대한 이론도 우리가 지금까지 찾아낸 것들일 뿐이지 아직 모르는 것이 더 많습니다.

　유아기에는 '물활론적 사고'를 하므로 사물뿐만 아니라 식물과 동물도 사람처럼 의인화하지요. 이때 우리가 알고 있는 식물의 구조와 동물의 구조로서만 설명한다면 오히려 '창의성과 상상력', 자연에 관한 '호기심과 사랑'이 닫혀 버리게 될 수 있습니다. 유아가 질문을 할 때 나름대로 원인을 유추해 보도록 하면 '상상력'과 '유추 능력'을 키워 줄 수 있습니다.

　동·식물의 구조와 생활은 자연환경에 잘 적응하도록 되어 있어서 그 속에서 인간이 배워야 할 점이 많을 뿐만 아니라, 아직 우리가 알고 있지 못하는 부분이 많이 있습니다. 위대한 과학자인 아인슈타인은 "자연에 대한 호기심만 잘 유지시켜 준다면 과학교육은 성공한 것"이라고 하였습니다.

　다음과 같은 방법으로 대화를 해 보실까요?

1. **동물, 식물, 우주 등에 관심을 표현할 때**
   어른도 함께 관심과 호기심을 표현하면서 반응해 주기
2. **단순한 질문을 할 때**
   자녀가 알고 있는 다른 것들에 비유하여 설명해 주기
3. **어려운 질문을 할 때**
   단답형의 대답보다는, "더 알아보자, 우리가 알지 못하는 것들이 많아서 더 연구하고 있는 것이란다."라고 탐색 가능성을 열어 놓고 인터넷이나 책을 함께 찾아보며, 탐색 가능성을 열어 놓기

Ⅴ. 형제와 가족 관계

  유아는 가족으로부터 시작하여, 친구와 선생님 등과의 사회적 관계를 통해 사회생활에서 필요한 여러 가지 기술이나 방법들을 배움으로써 사회화하게 된다. 즉, 사회에서 필요한 규범과 행동 양식들을 배워 가는 것이다. 그러나 무엇보다도 '가족 관계'를 통해서 '사랑'과 '신뢰'를 배우게 된다.

  가족 관계에서 가장 먼저 만나게 되는 사람은 엄마와 아빠이므로 부모와의 친밀한 정서적 유대가 가장 중요하지만, 형제 관계, 조부모와의 관계도 사회적 성장에 큰 영향을 미친다. 특히 '형제 관계'는 애증의 관계이므로 사랑하면서도 동시에 질투심을 느끼게 된다. 여기서는 '가족'에 관한 개념, 동생에 관한 '사랑과 질투', 그리고 그러한 문제들을 어떻게 극복해 가는지에 대한 사례들을 소개한다.

1. 우리는 가족이야

사랑

2015년 2월(3세 5개월)

2014년 11월 17일에 동생 수아가 태어났다. 수아가 자라면서 점차 가족에게 정서적 반응을 보이기 시작하자, 수빈이는 집에 가면 수아가 기다리고 있음을 의식하기 시작했다.

할머니: 수빈아, 너 집에 가면 누가 기다리고 있지?

수빈: 응, 수아하고 이모님하고.

할머니: 또 너희 집에는 누가 살지?

수빈: (신이 난다는 어조로) 엄마와 아빠.

할머니: 그럼, 너희 집에는 몇 명이 살고 있어?

수빈: (손가락으로 꼽아 가면서) 엄마, 아빠, 수빈이, 이모님과 수아. 다섯이야, 다섯 명.

할머니: 다섯 명이나 있네. 그럼, 그 모두를 합해서 무어라 부를 수 있나?

수빈: (자신감 있는 태도로) '가족'이야, 가족.

할머니: 그래 가족이야. 수빈인 가족이란 이름도 아네. 그런데 수빈아, 가족이 뭐야?

수빈: 어. '사랑하는 사람들'이야.

할머니: 그렇구나. 그럼 수빈이가 사랑하는 사람들에는 지금 함께
　　　 사는 사람들 말고 또 없나?

수빈: 있어. 친할머니, 친할아버지, 준석이 오빠, 민석이 오빠, 큰아
　　　 빠, 큰엄마.

할머니: 맞아. 그렇게 많네. 그럼 다 합해서 몇 명이야?

수빈: (열심히 꼽아 보며 세어 보더니) 하나, 둘, 셋, 넷 … 아홉, 열.

할머니: 수빈이가 열을 셀 수 있네. 우리 수빈이 참 똑똑하다. 그런
　　　 데, 또 사랑하는 사람들 없어?

수빈: 있어. 외할머니, 외할아버지, 이모, 이모부, 재희 오빠, 세
　　　 아…….

　수빈이가 '사랑'이라는 특성으로 '가족'을 개념화하고 있다는 것은 어른이 배워야 할 점이며, 친가와 외가의 가족 이름을 모두 다 댈 수 있다는 점 또한 가족 관계가 친밀하게 잘 이루어지고 있음을 나타낸다고 생각되었다.

　'가족'이라는 개념과 함께 가족의 수를 세어 보게 하면서 '수 개념' 또한 형성할 수 있도록 노력하였다.

2. 집에 들어가기 싫어

질투

2015년 3월(3세 6개월)

어린이집에서 돌아와 수빈이네 아파트에 도달하여 차에서 내리자고 했더니,

수빈: 나 집에 들어가기 싫어. 어디 다른 데, 갈 데 없어?

할머니: 왜? 수아(동생)가 기다릴 텐데……

수빈: 수아가 싫어. 수아는 다른 나라로 가 버리면 좋겠어.

할머니: 동생이 생겨서 좋다고 하더니 왜 그래? 동생이 귀엽다고 했 잖아?

수빈: 이젠 싫어졌어. 울기만 하고… 누워 있기만 하는데도 엄마, 아빠가 예쁘다고 하고…….

할머니: 수빈아. 너보다 어려서 아무 말도 못하는 동생을 미워하고 싫어하는 것은 좋은 마음이야? 나쁜 마음이야?

수빈: 나쁜 마음.

할머니: 그런데, 네가 이렇게 나쁜 마음을 갖고 동생을 싫어하면 하나님께서는 너를 좋아하지 않으실 것 같은데?

수빈: 하나님이 내가 무슨 말을 하는지 어떻게 알아?

할머니: 하나님은 네가 무슨 말을 하는지, 또 무슨 생각을 하고 있

107

는지 다 아셔.

수빈: 하나님은 내가 차 안에서 하는 말도 다 들어?

할머니: 그럼, 다 보고 듣고 하시지. 그리고 나쁜 생각과 말과 행동을 하는 사람은 싫어하셔. 크리스마스 때 산타클로스에게 수빈이는 선물도 주지 말라고 하실 수도 있지.

수빈: 하나님은 산타 할아버지 전화번호도 알아?

할머니: 글쎄, 전화로 하는지는 잘 모르겠는데, 어쨌든 하나님은 산타 할아버지에게 연락을 하실 수는 있을 거야.

수빈: 할머니, 나도 아가였을 때 수아처럼 누워 있기만 했어? 누워서 응가하고 쉬하고 그랬어? 누워 있는 게 귀여운 거야? 나도 수아처럼 누워 있으면 귀여워?

할머니: 수빈이도 아가였을 때는 수아처럼 누워서 놀았어. 그런데 지금은 자라서 이렇게 힘이 생겨서 뛰어다닐 수도 있게 되었지. 수아는 아직 앉고, 걷고 할 힘이 없어서 누워 있는 거야. 이제 수아도 좀 더 커지면 말도 하고, 걷기도 하고, 수빈이랑 함께 잘 놀 수 있을 거야.

수빈: (얼굴이 금방 밝아지면서) 수아가 빨리 커지면 좋겠다. 그럼, 나 이제 집에 들어갈래.

　수빈이는 동생이 태어나기를 손꼽아 기다렸고, 처음 몇 개월 동안은 동생이 인형 같아서 귀엽다고 하였다. 그러다가 동생을 마구 다룬다고 엄마한테 꾸지람을 받고 나서 동생이 미워졌나 보다.

　아빠를 비롯하여 온 가족이 동생보다 수빈이를 먼저 안아 주는 등의 세심한 배려를 하였는데, 요즘은 종종 동생에 대한 '사랑'과 '미움'의 갈등이 생겨 마치 사춘기 소녀 같은 반응을 보인다.

　수빈이의 '상실감'에 대해 신경을 더 써 줘야 할 것 같다.

3. 그러려고 낳아 준 거 아냐?

시간이 가면서 수빈이는 동생 수아와 노는 일에 재미를 느끼고 있다. 동생이 이제 말을 조금씩 알아듣고, 언니가 하자는 대로 곧잘 따라 하기 때문에 둘이서 '역할 놀이'나 '인형 놀이' 같은 다양한 놀이를 하면서 즐겁게 잘 지내고 있다. 그러던 어느날 수빈이의 유치원이 쉬는 날이 되었다.

수빈: 엄마, 수아 오늘 어린이집에 가?

엄마: 그럼, 수아는 어린이집에 가지.

수빈: 나는 유치원 가?

엄마: 아니, 오늘 유치원은 방학이래.

수빈: 그럼 수아도 어린이집에 안 가면 안 돼?

엄마: 수아는 어린이집에 가는 날인데?

수빈: 수아가 어린이집에 안 가고 나랑 놀면 좋겠어.

엄마: 수아는 어린이집에 가는 날이라서 빠지면 안 될 것 같아.

수빈: 유치원 안 가고 집에 있으면 난 심심한데……. 이럴 때 나랑 놀게 해 주려고 동생 낳아 준 거 아냐?

수빈이의 표현에 엄마는 깜짝 놀랐다. 자기가 심심하면 놀아 주기 위해서 동생을 낳아 주었다고 생각하는 것이 당황스럽기도 하고, 수빈이 입장에서 이해도 되었다. 그래도 수아는 어린이집에 결석하게 하면 안 될 것 같아서 엄마는 수빈이를 설득했다.

엄마: 수빈아, 네 말이 맞아. 수빈이가 심심할 때 수아가 같이 놀아 주고, 수아가 심심할 때 수빈이가 같이 놀아 주고 사이좋게 지내라고 엄마가 동생을 낳아 준 거지. 그런데 수아가 어린이집에 빠지면 다시 잘 적응하기 힘들어서 수아한테 안 좋을 것 같아.

수빈: 그래? 수아가 어린이집에 안 가면, 수아가 다시 적응 못 해? 그럼, 가야겠네. 할 수 없네.

엄마: 그럼, 엄마랑 같이 수빈이가 수아를 어린이집에 데려다줄까?

수빈: 그래. 그러자.

엄마: 수빈이가 잘 이해해 줘서 고마워.

수빈: 응. 수아가 어린이집에 빠지면 다시 적응하기 힘들면 안 되잖아.

    수빈이가 자기중심적 생각을 하다가 엄마의 설명을 듣고, 금방 동생의 입장을 이해하고 마음을 돌렸다. 한동안은 동생이 엄마를 차지하거나 말을 듣지 않을 때, 수아에게 "너 그럴 거면 엄마 뱃속으로 다시 들어가." 하고 소리를 지르던 수빈이였는데, 이제는 수아의 입장에서도 이해하는 것 같다. 언니로서 성장하고 있는 수빈이를 생각하니 엄마의 마음이 흐뭇해졌다.

4. 오빠랑 결혼할 거야!

2016년 2월(4세 5개월)

　어린이집에서 집으로 가는 차 안에서 수빈이는 지난 주말에 외가에 가서 외사촌 오빠와 신나게 놀았던 이야기를 종알종알 하기 시작하였다.

> **수빈:** 할머니, 난 커서 재희 오빠랑 결혼할 거야.
>
> **할머니:** 하하, 오빠랑 어떻게 결혼을 해?
>
> **수빈:** 왜 못 해? 할머니도 할아버지랑 결혼했으면서.
>
> **할머니:** …….
>
> **수빈:** 난 이미 재희 오빠랑 약속했어.
>
> **할머니:** 그래? 어떻게 약속했는데?
>
> **수빈:** 응 내가 '오빠, 나랑 결혼하자.' 했더니 오빠가 '응, 그러자.' 그랬어.

유치원에서 집으로 가는 차 안에서,

수빈: 할머니, 나 할머니랑 결혼할 거야.

할머니: 전에는 오빠랑 결혼한다더니…….

수빈: 응. 마음이 바뀌었어. 할머니가 너무 좋아.

할머니: 그래? 할머니도 수빈이를 많이 좋아하는데… 고마워, 할머니를 좋아해 줘서……. 할머니 말고도 너 좋아하는 사람 많잖아? 좋아하면 다 결혼할 거야?

수빈: 응. 할머니와 먼저 결혼하고, 다음엔 아빠랑 하고, 그다음엔 엄마랑, 그다음엔 수아랑 할 거야.

할머니: 야… 너 결혼을 그렇게 많이 하려면 힘들겠다.

수빈: 응. 그래도 그렇게 할 거야.

수빈: 할머니는 할아버지랑 왜 결혼했어?

할머니: 글쎄…….

수빈: 할머니가 할아버지에게 먼저 결혼하자고 뽀뽀했지? 그래서, 할아버지가 임신해서 배가 볼록해져서 결혼했지?

할머니: 하하하… 남자가 어떻게 임신을 해? 할머니가 먼저 뽀뽀는 하지 않았어. 할아버지가 먼저 결혼하자고 했지. 어쨌든 사랑하니까 결혼했지.

수빈: 그런데, 사랑은 왜 하는 거야?

할머니: 글쎄, 왜 사랑하게 되었을까? 할아버지가 착한 사람인 것 같아서 좋아하게 되었지.

수빈: 어떤 사람이 착한 사람인데?

할머니: 응, 다른 사람들이 어려운 일을 당했을 때 잘 도와주는 사람.

수빈: 그럼, 엄마 · 아빠도 다 착해서 결혼했어?

할머니: 네 생각엔 어때?

수빈: 엄마는 착한 것 같은데, 아빠는 아닌 것 같아.

할머니: 왜, 아빠도 얼마나 착한데.

수빈: 가끔 큰소리를 치거든.

할머니: 아, 그건, 네가 고집부리고 아빠가 '하면 안 된다는 것'을 네가 했을 때 그랬겠지.

수빈: 그럼, 아빠가 하라는 대로 해야 되는 거야?

할머니: 응. 네가 하고 싶은 대로 할 때도 있지만, 아빠나 엄마가 '이건 안 돼.' 하는 것은 위험해서 그런 거니까 하지 말아야 지. 너 전에 사고가 생겨서 이마를 다쳤잖아. 너 어렸을 때, 할머니 집에서 베란다에 나가서 말야.

　수빈이는 5세가 넘으면서 '결혼'에 대한 개념이 점점 넓어지고 구체화되어 가는 것 같다. 결혼의 대상 또한 다양해지고 있다. 좋아하고 함께 있고 싶은 사이라면 누구하고라도 결혼할 수 있다고 생각한다. 결혼을 하면 신체적인 접촉도 이루어지고 아이가 생기는 것도 이해하는 듯하다.

　결혼이란 무엇인가 생각해 보니, 인간이 외롭지 않게, 또 후손을 유지하게 하기 위한 제도인 것 같은데, 짧게 설명하기가 어렵다. 수빈이가 성장하면서 여러 가지 모습의 결혼을 통해 깊고 넓게 이해하게 될 것이라 생각된다.

5. 할머니는 너무 작아

2015년 3월(3세 6개월)

어린이집 하원 길에 수빈이는 어제 외할머니가 집에 오셨었다고 이야기하였다.

할머니: '외할머니'는 누구야?

수빈: (자신감 넘치는 목소리로) 응. 엄마의 엄마야.

할머니: 수빈이가 잘 아네. 그럼 '외할아버지'는 누구야?

수빈: 엄마의 아빠.

할머니: 그럼, '친할머니'는 누구야?

수빈: 음. 잘 모르겠어.

할머니: 아빠의 엄마잖아. 그걸 몰라?

수빈: 할머니는 이렇게 작은데, 어떻게 아빠의 엄마가 될 수 있어?

할머니: 너희 아빠도 아기 때에는 요만하게 작아서 할머니 뱃속에 있다가 나왔는데?

수빈: 아냐. 우리 아빠는 원래 크고 힘이 쎄(세). 친할머니는 이렇게 작은데, 어떻게 아빠의 엄마가 될 수 있어?

할머니: 그럼, '친할아버지'는 누구야?

수빈: 아빠의 아빠?

할머니: 친할아버지는 아빠의 아빠가 될 수 있다고 생각해?

수빈: 응.

할머니: 친할아버지는 아빠의 아빠라고 생각하면서, 왜 친할머니는
아빠의 엄마라고 생각하지 않을까?

수빈: 할머니는 너무 작아서 아빠의 엄마가 절대 될 수 없어.

할머니: 할아버지는?

수빈: 할아버지는 크잖아.

    할머니의 키가 그리 작지도 않은데, 왜 수빈인 할머니가 아빠의 엄마라는 것을 부인하는지 이해가 되지 않는다. 그다음에도 며칠 동안이나 할머니는 너무 작다고 계속 이야기한다.

    아마도 할머니는 자기의 친구라고 생각되어 자기랑 비슷하게 여기고, 아빠는 너무 큰 존재로 의식되는가 보다. '친할머니와 아빠의 관계'가 '수빈이와의 관계'보다 더 가깝게 생각되는 것이 싫어서일지도 모르겠다.

6. 누구를 먼저 낳았어?

출생

2017년 3월(5세 7개월)

수빈: 할머니, 우리 아빠와 큰아빠 중에서 누구를 먼저 낳았어?

할머니: 그야 물론 큰아빠를 먼저 낳았지.

수빈: 우리 아빠가 더 잘 생겼는데, 왜 큰아빠를 먼저 낳았어?

할머니: 큰아빠는 형이니까 먼저 나왔지.

수빈: 우리 아빠가 더 큰데…….

할머니: 아니, 수빈이 아빠도 크지만, 큰아빠가 조금 더 커.

요즘은 할아버지가 유치원에 데리러 가는 날이 많아져서 할아버지에게 질문을 많이 한다.

수빈: 할아버지는 왜 남자로 태어났어?

할아버지: 증조할아버지와 증조할머니가 그렇게 만들라고 하나님
이 정하셨대.

수빈: 증조가 누군데?

할아버지: 증조할아버지는 할아버지의 아빠고, 증조할머니는 할아
버지의 엄마야.

수빈: 할아버지 엄마, 아빠는 어디 있어?

할아버지: 돌아가셨지.

수빈: 왜 돌아가셨어?

할아버지: 증조할아버지는 전쟁이 나서 돌아가시고, 증조할머니는
아파서 돌아가셨어.

수빈: 전쟁이 왜 났는데? 할아버지의 엄마는 어디가 아파서 돌아가
셨어?

수빈이와의 대화는 '전쟁'과 증조할머니의 '질병' 문제까지로 계속 이어
졌다. 그러더니 또 다른 질문을 하였다.

수빈: 우리 엄마, 아빠는 왜 딸 두 명을 낳고, 큰엄마, 아빠는 왜 아
들 두 명을 낳았지?

할아버지: 다 하나님이 그렇게 만드신 거야. 수빈이 엄마, 아빠는

딸들과 재미있게 놀고, 큰엄마, 아빠는 아들들과 재미있게 놀게 하려고 그러신 거야.

　요즘 수빈이는 '출생'에 대해 관심이 많다. 출생의 순서와 이유, 남자와 여자의 차이 등등……. 우리는 그 이유를 알지 못한다. 수빈이는 모든 사건이나 사실에서 그 이유가 무엇인지 궁금해한다. 인간적으로는 설명할 수 없기에 우리가 추정하는 하나님의 뜻을 할아버지가 설명해 주었다.

　어떻게 남자와 여자가 되는지 염색체의 배합을 설명해 줄 수는 있겠지만, 수빈이의 질문은 '어떻게'라기보다는 '왜 남자와 여자가 되는지'를 묻고 있기에 더더욱 설명해 주기 어려운 주제이다.

7. 사람이 살아가는 데 필요한 것들

가족과
사랑

2018년 6월(6세 9개월)

　수빈이가 집 근처의 초등학교에 입학하게 되면서부터는 데리러 가지 않게 되어서 가끔 주말이나 교회에서 만나서 이야기를 하곤 하였다. 어느 토요일, 수빈이가 할머니집에서 자고 싶다고 하여 데리고 와서 저녁식사를 하면서 대화를 하게 되었다.

　　할머니: 수빈아, 사람이 살아가는 데 필요한 것이 무엇일까?

　　수빈: 엄마.

　　할머니: 또?

　　수빈: 맛있는 거.

　　할머니: 또?

　　수빈: 하나님.

　　할머니: 오, 하나님을 수빈이가 생각했구나. 또 필요한 것은?

　　수빈: 아빠.

　　할머니: 또?

　　수빈: 할머니, 할아버지, 수아…….

　　할머니: 그런데 또 필요한 게 있을 것 같은데……. 우리가 서로 하

는 게 있지?

수빈: 사랑.

할머니: 그래, 맞아… 수빈이가 식물들을 키우고 있지?

수빈: 응. 식물들도 사랑해 줘야 해.

할머니: 맞아. 우린 서로 사랑해야 살 수 있어. 할머니, 할아버지는 준석이 오빠와 민석이 오빠 그리고 수빈이와 수아를 많이 사랑해.

수빈: 수빈이도 할아버지, 할머니, 우리 가족을 많이 사랑해. 그리고 '하나님'을 사랑해.

할머니: 수빈이는 하나님을 왜 사랑하는데?

수빈: 하나님은 모든 것을 다 만드셨으니까.

할머니: 수빈이는 아주 중요한 이야기를 하는구나.

이 대화는 우연히 하게 된 것이었지만, '가족'이란 사랑으로 연결되어야 한다는 점을 수빈이가 이야기할 만큼 언어적 표현이 많이 발달하였고, 특히 살아가는 데 필요한 것으로 집이나 차 등 물질적인 것보다는 '가족'과 '하나님'을 생각할 수 있다는 것이 감동적이었다.

경험의 범위 내에서이지만 수빈이가 이제 '삶의 가치'에 대한 추상적인 생각도 할 수 있게 되었으니, 앞으로 이러한 대화를 좀 더 해야겠다고 생각하였다.

건전한 가족 관계 유지하기

　자녀 양육의 기본은 '사랑'입니다. 그러나 사랑도 태어나서 배워 가는 정서 중의 하나이므로, 어렸을 때 사랑을 받지 못했던 사람은 어른이 되어도 사랑을 주고받기 어려워집니다. 따라서 부모와 조부모로부터, 그리고 주변의 가족으로부터 사랑받고 있고, 사랑하고 있음을 느끼고 표현하게 해 주는 것이 중요합니다.

　또한 부모의 양육 태도에 있어서 '일관성'이 중요합니다. 부모가 기분 좋을 때와 나쁠 때 자녀를 대하는 태도가 달라지면 눈치 보는 아이가 되며, 부모를 신뢰할 수 없게 됩니다. 부모만이 아니라 조부모의 양육 태도에 있어서도 일관성이 필요합니다. 엄마와 아빠, 조부모 사이에 서로의 가치관이 다를지라도, 적어도 자녀 양육에 있어서는 깊은 대화와 토론을 통해서 일관성을 유지하도록 노력해야 합니다.

　다음과 같은 갈등 상황들을 잘 해결해 간다면, 건전한 가족 관계를 유지할 뿐만 아니라 자녀의 건전한 인성 교육을 할 수 있을 것입니다.

1. **형제간의 갈등**
   상대방의 입장에서 공감해 보고 이해하게 하기
2. **부모 간의 갈등**
   서로의 가치관과 교육관에 대해 충분한 대화를 통해 공통된 방향을 찾기
3. **조부모와 부모 사이의 갈등**
   조부모는 부모에게 삶의 기본적인 가치관은 제시하시만, 구체적인 자녀 양육 방법은 부모가 결정하기
4. **외가와 친가 조부모 간의 갈등**
   양가 조부모가 손자녀 양육에 공동으로 참여할 경우, 양육 방법에 대해 깊은 대화를 통해 일관적인 방향을 결정하기
5. **유치원이나 어린이집, 학교와 부모 사이의 갈등**
   교육관이 맞는 교육기관을 선택하는 것이 좋지만 선택의 여지가 없는 경우, 선생님들과의 의사소통을 통하여 교육기관의 방향에 협력하기

VI. 가치관과 지혜

　'삶의 지혜'와 '가치관'은 성인이 되어서 갑자기 나타나는 것이 아니라 어려서부터 서서히 발달하는 것이며, 독립적이기보다는 사회/정서, 인지발달과 도덕성 발달과 병행하여 발달한다. 즉, 상대방 입장에서의 '공감능력'과 '논리적인 이해', '인간의 존엄성에 대한 이해'가 함께 적용되는 분야이다.

　"무엇을 삶의 가치로 둘 것인가"의 문제는 삶의 긴 여정 속에서 수많은 의사결정의 순간마다 지표가 될 것이며, 부모로부터 가장 큰 영향을 받는 측면이기도 하다. 또한 '정의'와 '질서'와 같이 사회가 공통적으로 추구하는 가치들이 있지만, 최근에는 이러한 공통적인 가치가 무너져 가고 있다. 이럴 때일수록 각 가정에서 추구하는 가치관과 믿음을 자녀와 교류하여 지혜로운 사람으로 키워야 할 것이다.

1. 과자는 두 개만 먹어야 해

절제와
나눔

수빈이를 데리러 가는 것 자체는 즐거우나 처음 2년간은 어린이집에서 데리고 나오기가 보통 힘드는 일이 아니었다. 그래서 할 수 없이 유인책으로 차 안에 과자를 가지고 가서 '차에 가면, 맛있는 과자가 있으니 빨리 가자'고 하여 데리고 나가곤 하였다. 그중 맛이 달지 않아 어린이에게 적합할 것 같은 곡물과자를 준비하게 되었는데, 먹는 것을 좋아하는 수빈이는 과자를 한없이 먹으려 하였다. 그래서 매일 '두 개씩'만 주기로 작정하고, 더 이상은 주지 않았다.

수빈: 할머니, 과자 한 개만 더 줘.

할머니: 안 돼. 더 먹으면 너 돼지 돼.

수빈: 돼지 되어도 괜찮아. 돼지가 귀엽잖아?

할머니: 돼지가 뭐가 귀엽냐? 돼지 되면 너희 집에도 못 가. 돼지 집
　　　　으로 가야지.

수빈: 왜 못 가? 뻐쯔(버스) 타고 가면 되지.

할머니: 버스가 돼지는 안 태워 줘. 버스는 사람만 태우거든.

수빈: 그럼, 걸어가면 되지.

할머니: 걸어가면 하루 종일 걸려. 그것보다도 할머니가 마트에서

곡물과자를 사오는데, 한 번에 두 개 씩만 사 오거든.

수빈: 왜?

할머니: 음… 왜냐하면, 할머니가 과자를 너무 많이 사 오면, 마트
에서는 다른 애들에게 팔 과자가 없잖아. 할머니가 다 사
가지고 가 버려서 너희 어린이집 친구들에게는 팔 과자가
없잖아? 그러면 다른 친구들은 어떻겠니?

수빈: 먹고 싶을 것 같아.

할머니: 그래, 그러니까 서로 조금씩 사서 나누어 먹어야 하는 거
야.

　과자를 너무 많이 먹지 않게 하려고 할머니는 어떻게 할까 고민하다가 거짓말을 하게 되었다. 그러나 그 이면에는 '경제교육'을 하기 위한 목적이 있었다.

　많은 것을 가진 사람이 더욱 많이 가지려 해서 빈부의 차이가 너무 벌어지고 있는 우리나라의 현실에서 다른 사람들을 고려하여 내가 덜 먹고, 덜 쓰고 덜 소유하는 '절제'와 '나눔'을 가르치고 싶었다.

2. 왜 다른 애들은 엄마가 데리러 와?

공평과
애착

수빈이가 어린이집에서 나올 때는 기분 좋게 나올 때도 있으나 대부분 잘 안 나오려 하고, 떼를 쓰기도 하며, 이것저것 트집을 잡아서 소리를 지르기도 하였다. 그래서, 아무래도 할머니가 데리러 오는 게 싫어서 그런가 하고 직접 물어보았다.

할머니: 수빈아. 왜 집에 가지 않으려고 해? 할머니가 데리러 오는 게 싫어?

수빈: (할머니에게 안겨서 울면서) 으앙… 다른 애들은 왜 엄마가 데리러 와?

할머니: 너는 할머니와 할아버지가 데리러 오잖아.

수빈: 그래도 난 엄마, 아빠가 더 좋아.

할머니: 그래서 수빈이가 슬프구나. 알았어. 그럼 이제부터 엄마도 좀 데리러 오라고 할게.

　그렇게 이야기했더니 금방 울음을 그치고 따라나섰다. 그동안 1년 반이 되도록 수빈이를 데리러 갔었는데, 얼른 나오지 않고 딴청을 부리는 이유가 바로 엄마나 아빠가 데리러 오기를 바랐던 것 같아서 서운한 마음이 들지 않을 수 없었다. 하지만 아이가 엉엉 울면서 속맘을 털어놓는 것을 보니 불쌍한 마음이 들고, 이 아이에게 혹시 상처가 되지 않을까 염려가 되었다.

　그날 저녁, 며느리와 이 일에 대해 이야기하고 아무리 바빠도 한 주의 반은 엄마가 데리러 가고, 나머지 반은 할머니나 할아버지가 데리러 가는 것이 좋겠다고 제안을 하여 그러기로 결정하였다.

　수빈이의 대화 내용 안에 신기한 점이 있었다. "왜 나는 엄마가 데리러 안 와?"라는 직접적인 표현을 하지 않고, "다른 아이들은 왜 엄마가 데리러 와?"라는 표현을 했다. 할머니의 입장을 고려해서일까? 다른 애들의 엄마 아빠랑 비교해서 '공평'하지 못하다는 뜻일까? 아무래도 후자인 것 같다.

　그 후 6개월이 지나 할머니가 어린이집에 데리러 가기 시작한 지 2년이 될 즈음에 수빈이는 어린이집에서 나오면서 할머니를 많이 기다렸다고 했다. 이제 친할머니도 외할머니만큼 좋아졌다고 했다. 손녀와 '애착 관계'를 형성하는 데, 2년이 걸렸다.

　2016년 3월, 유치원으로 옮겨 가면서부터는 엄마가 데리러 오는 것보다 할머니가 데리러 오는 것이 너무 좋다고 하며 "할머니가 이렇게 좋은데, 왜 같이 살 수 없어?" 하고 매일 묻는다. 집에 데려다주면 차 열쇠를 감추면서 할머니를 못 가게 한다. 수빈이의 할머니에 대한 사랑과 할머니의 수빈이에 대한 사랑은 점점 더 깊어져 갔다.

3. 너 하나님 믿니?

믿음

2015년 4월 (3세 7개월)

　이것은 어린이집에서 선생님이 부모에게 전해 준 이야기이다. 유치원이나 어린이집에서는 잠시 전등을 껐다 켰다 하여 어린이들의 주의를 집중시킬 때가 종종 있다. 이때 어린이들이 "귀신이다!" 하면서 소리를 지르곤 하는데, 수빈이는 집에 와서 아빠에게 다음과 같은 질문을 했다.

　　수빈: 아빠, 친구들이 귀신 나온다고 하는데, 귀신이 있어?
　　아빠: 하나님 믿는 사람에게는 귀신이 없어.

　그다음 날 수빈이는 어린이집에서 친구와 다음과 같은 대화를 했다.

　　수빈: 너, 하나님 믿니?
　　친구: 난, 엄마를 믿어.
　　수빈: 넌, 교회 좀 가야겠다.

사실 성경에는 귀신 이야기가 나온다. 그러나 여기서 수빈이 아빠는 귀신에 대한 막연한 공포심으로부터 벗어나도록 하기 위해 하나님을 믿는 사람은 무섭지 않다는 의미로 이야기를 한 것 같다. 홍미로운 일은 유아들이 '믿음'이란 것이 어떤 의미인지 이해하고 있다는 사실이다.

그러한 믿음은 매 주일마다 엄마·아빠와 함께 참여하는 교회의 영·유아부 예배를 통해 굳건해졌다고 생각된다.

4. 어른들은 손에 못 박혀도
참을 수 있어?

2016년 3월(4세 6개월)

　유치원 놀이터에는 놀이 기구가 많아서 수빈이는 곧장 집에 오려 하지 않는다. 특히 그네 타기를 좋아했다. 아직 날씨가 쌀쌀해서 할머니가 기다리기 어려운데도 한번 그네를 타기 시작하면 중단을 하지 않아서 할머니가 감기가 걸렸다. 그네를 더 타겠다고 조르는 수빈이를 간신히 달래서 차에 태우고 오면서,

> **할머니:** 수빈아, 날씨도 춥고 할머니가 아픈데 너는 계속 그네 타자고 하면 어떡해? 할머니, 감기 걸려서 침 맞고 간신히 왔는데…….
>
> **수빈:** 침? 주사 맞는 거 말야?
>
> **할머니:** 응 비슷한데, 여러 군데에 주사 바늘을 꼽는 거야.
>
> **수빈:** (동정하는 얼굴 표정을 보이며) 그럼 많이 아팠어?
>
> **할머니:** 응, 아팠어. 그래도 참을 수 있었어.
>
> **수빈:** 어른들은 아픈 것을 참을 수 있어?
>
> **할머니:** 응, 참을 만해.
>
> **수빈:** 그럼, 손에 못 박혀도 어른들은 참을 수 있어?
>
> **할머니:** 아니, 손에 못 박는 건 못 참아. 그건 예수님이나 견딜 수

있는 일이지.

수빈: 알아. 나쁜 사람들이 예수님을 십자가에 매달고 손에 못을 박았대.

할머니: (놀라면서) 수빈이가 어떻게 그런 일을 다 아니?

수빈: 교회에서 배웠어. 그래서 예수님이 돌아가셔서 동굴 속에 넣었대. 그런데 나중에 사람들이 찾으러 갔더니 예수님이 살아나서 벌써 없어졌대.

할머니: 어머나. 우리 수빈이가 교회에서 성경을 열심히 잘 배웠구나.

　이 시기 유아의 대화는 이것에서 저것으로 논리적 연관성 없이 이어지곤 한다. 수빈이와 할머니의 대화도 종횡무진으로 이어지곤 하였다. 오늘은 한의원에서 침 맞는 일에서 시작하여 '예수님의 죽음과 부활'로 결말을 맺게 되었다. 이렇게 일상적인 일에 대한 이야기가 신앙으로 확대됨에 대해 감사한 마음이 들었다.

　수빈이가 하나님과 예수님 이야기를 의심치 않고 그대로 믿는다는 사실을 볼 때 어렸을 때부터 믿음을 갖게 해 주는 것이 얼마나 중요한가를 실감하게 되었고, 이 아이가 일생을 살아가는 동안 신앙은 확실한 '삶의 지표'가 될 것이라 믿는다.

5. 하나님의 엄마, 아빠는 누구야?

하나님

할아버지 생일 기념 가족 여행을 가게 되어 버스로 이동하는 차 안에서 사촌오빠 민석이와 돌아가며 노래를 신나게 부른 다음, 갑자기 수빈이는 다음과 같은 질문을 했다.

수빈: 하나님의 엄마, 아빠는 누구야?

할머니: 하나님은 '신'이시기 때문에 엄마, 아빠 없이 스스로 존재
　　　하시는 분이란다.

수빈: '신'이라구? 발에 신는
　　　신?

할머니: 그게 아니구, 우
　　　리 같은 사람들
　　　하고는 다른
　　　분이야.

145

요즘 수빈이는 하나님에 대한 질문이 많아졌다. 저녁에 할머니 집에 와서 저녁 식사를 하기 위한 기도를 마치자, 수빈이가 또 질문을 시작하였다.

수빈: 할아버지, 하나님은 어떻게 생겼어?

할아버지: 하나님은 하나님의 형상대로 사람을 지으셨으니까 눈을 감고 '하나님…' 하면 모습이 떠오를 거야. 눈 감고 '하나님…' 하고 불러봐.

수빈: "하나님…" 할아버지, 아무것도 안 보이고 깜깜하기만 해.

할아버지: 더 열심히 불러 봐.

수빈: "하나님…" 아 보인다. 보인다. 내 모습이 보인다. 그럼, 내 하나님하고 할아버지 하나님하고 다르게 생겼어?

할아버지: 응, 하나님은 각자의 마음속에 계시기 때문에 그럴 수도 있어.

이 문제는 설명해 주기 너무 어려워서 수빈이의 상상력에 맡길 수밖에 없었다.

6. 수빈이의 기도문

기도

2017년 12월(6세 3개월)

수빈이네 집 칠판에 수빈이의 기도문이 다음과 같이 적혀 있었다.

하나님 아버지,

감사
* 좋은 동생을 가개(갖게) 해 주셔서 감사합니다.!
* 머진(멋진) 유치원을 다니개(게) 해주셔서 감사합니다!
* 유치원 친구들도 주셔서 감사합니다!
* 엄마 아빠 건강하개(게) 해주셔서 감사합니다!

용서
* 재(제)가 실수로 동생에 거을 뺏어서(동생의 것을 뺏어서) 동생이 울음을 터트린 때가 잇어요(있었어요).
* 재(제)가 이모님한테 대든 적이 잇어(있)어요 엄마 아빠한대(테)도 그런 적이 이서서요(있었어요).

산타할아버지, 사랑해요, 빨리 크리스마스가 와스며(왔으면) 좋겠어요.

　수빈이는 이제 기도를 제법 잘하게 되었다. 잠들기 전에, 그리고 유치원으로 갈 때마다 엄마가 기도를 해 준다고 한다.

　평상시에는 단편적인 기도를 하곤 했는데, 칠판에 쓰인 기도문을 보면 하나님에 대한 '감사'와 '용서', '소원'의 세 가지로 나누어서 하였다. 기도의 내용 구성 방법을 알며, 분류하는 능력도 생긴 것 같다.

삶의 가치관과 지혜, 믿음 길러 주기

'삶의 가치관' 교육은 학교나 다른 교육기관을 통해서는 달성되기 어렵습니다. 학교에서도 인성교육을 하기는 하지만 학교에서는 지식교육 중심이 되기에 인생을 어떻게 살아야 하는가의 문제는 결국 부모와 조부모, 가정의 몫입니다. 그러나 '가치관과 믿음' 교육은 (물론 말로 해야 하는 경우도 있지만) 자녀에게 주입식으로 설명을 하거나 강요한다면, 오히려 반항심이 생길 수 있습니다. 감정과 정서, 도덕성과 인지발달의 수준에 맞게 실제적인 문제 상황 속에서 대화를 통하여 가치관이 형성되도록 하는 것이 중요합니다. James Fowler의 신앙 발달단계 이론에 의하면, 신앙에 있어서도 유아기는 직관적-투사적 단계로서 논리적 사고보다는 상상력을 사용하여 발달한다고 합니다.

생활은 '선택의 연속'입니다. 그럴 때 우리나라의 부모들은 알아서 선택을 해 주는 경우가 많은데, 자녀는 이유도 모르고 따라가거나 반항하여 다른 길로 가게 되기도 합니다. 부모를 잘 따라가면 자녀를 성공적으로 키웠다고 생각할 수도 있지만, 성인이 되어서 내가 원하는 삶은 무엇이었는지에 대한 회의를 갖게 되는 경우가 많습니다.

어렸을 때부터 자녀에게 다음과 같이 선택의 기회를 준다면 '지혜로운 사람'으로 성장하는 데 도움이 될 것입니다.

1. **선택의 자유 주기**

   선택해야 하는 상황(예를 들어, 옷의 모양이나 색 등)을 만났을 때 자녀에게 선택의 기회를 주기

2. **선택의 이유를 설명해 보게 하기**

   왜 그 물건(예를 들어, 옷이나 장난감, 행동 등)을 선택했는지 이유를 설명하게 하기

3. **선택의 결과를 예상해 보게 하기**

   그것을 선택했을 때, 어떤 결과가 생길지(예를 들어, 겨울에 여름옷을 선택했다면 그 옷을 입고 추운 날씨에 나가면 어떻게 될까? 등)를 설명해 보게 하기, 선택이 부적절하다고 판단될 경우에는 어른이 개입하여 다른 선택을 해 보도록 다시 기회를 주기

이러한 단계를 거치려면 어른의 '참을성'이 필요하지만, 자녀에게 '자율성'을 길러 주게 되고 자신이 선택한 삶에 대해 '책임'을 질 줄 알게 됩니다. 이것이 '진정한 자유'입니다.

그러나 무엇보다도 가치관과 믿음, 지혜 교육에 있어서는 '부모의 삶' 자체가 모델이 되므로 부모 역시 자기 행동에 대해 왜 그렇게 했는지, 자녀가 이해할 수 있는 범위 내에서 설명을 해 주는 것이 필요합니다. 특히 자녀에게 벌을 주거나 야단을 칠 때는 그 이유를 설명해 주어야 합니다.

자기 행동이 잘못되었다고 공감하지 않는 상태에서 자녀가 벌을 받을 경우에는 억울하다고 생각합니다. 그래서 결과적으로 그 행동이 수정되기보다는 오히려 (부모가 보지 않을 때) 더 강화되어서 나타나기도 합니다. 특히 부모의 말과 행동이 불일치할 때 자녀 역시 그러한 행동을 배우게 되고, 부모를 신뢰하지 않게 되며, 다른 사람들도 신뢰하지 않게 됩니다. 다시 말해서 자녀는 부모의 거울이 되는 것입니다.

에필로그

　이 책은 '아동발달'의 이론을 설명하기 위해 사례를 연구한 것이 아니라, 여러 가지 상황 속에서 손녀와 이루어졌던 대화를 통해 유아는 어떤 느낌과 생각을 갖고 있는지 새롭게 찾아내려고 노력한 것이다. 또한 유아의 감정을 이해하고 조절할 수 있게 하며, 창의적 사고와 논리적 사고를 촉진시키고, 가족과 사회와의 바람직한 관계를 통해 정의로운 가치관과 믿음을 갖게 하여, 지혜로운 인간으로 키우고자 하는 교육적 의도가 있다. 특히 하나님을 믿는 가정으로서 생활 속에서 신앙 교육이 이루어지도록 노력하였다.

　'직관적 사고와 상상력' 영역에서 소개하였던 일화인 엘리베이터에서 "나중에 탄 사람이 왜 먼저 내려?"라는 질문, 아무리 설명해도 층수 순서대로 내린다는 말을 이해하지 못하고 몇 달 동안 계속 이어졌던 이 질문이 이러한 대화들을 책으로 엮게 된 계기가 되었다. 이 상황을 이해시키기 위해 매우 긴 시간과 노력이 필요했는데, 결국 수빈이가 이해하게 되었을 때의 기쁨은 이야기를 이어 가게 하는 동기가 되었다. 그러나 또 다른 동기는 최근 사회적으로 문제가 되고 있는 저출산 문제를 조금이라도 돕고자 하는 생각에 있었다. 우리나라 인구 감소 현상은 주택 문제와 생활비 문제, 여성의 사회 참여 등등의 여러 가지 사회적 문제들에서 원인을 찾을 수 있지만, 그중에서도 가장 큰 문제는 육아 문제임을 부인할 수 없다. 국가 차

원에서도 자녀 출산을 위한 경제적 지원 등의 노력을 하고 있지만, 출산을 꺼리는 가장 큰 이유는 자녀를 믿고 맡길 수 있는 환경이 마련되기 어렵기 때문이다. 우리 세대가 육아를 할 때는 조부모와 함께 사는 경우가 많았는데, 요즘은 대가족이 드물어서 잠시라도 육아의 공백이 생길 때 부모들은 당황스럽다.

이 책을 쓰는 과정에서 조선일보 신문기사를 통해, 그리고 어떤 초등학교에서 개최되었던 '학조부모를 위한 특강'을 통해서 손자녀를 돌보는 많은 조부모들을 만나게 되었다. 여성의 적극적인 사회 활동 참여로 인해, 일정 시간 또는 하루 종일, 손자녀를 양육해야 하는 조부모가 최근 더 늘어나고 있는 추세이다. 조부모의 손자녀 육아는 육체적으로 매우 힘들고, 개인적인 활동을 희생해야 하는 쉽지 않은 일이다. 그러나 자녀들이 마음 놓고 사회 활동에 참여할 수 있게 하기 위해서는 누군가가 도움을 주어야 한다. '자녀 출산과 양육'은 국가에서 모든 것을 해결해 줄 때까지 연기할 수 있는 일이 아니기에 가능한 범위 내에서 조부모들이 도움을 주는 것이 필요하다. 조부모와 생활을 함께했던 자녀들은 나중에 커서도 여러 연령층에 걸친 세대와의 의사소통을 잘 하여 사회 생활을 더 원활하게 해 가는 모습을 종종 볼 수 있었다.

'손자녀 양육'은 힘든 만큼 아이로부터 받는 보상이 크다고 생각된다. 처음 2년 간은 거부했던 친할머니를 이제는 세상에서 가장 사랑하는 사람으로 대해 주는 수빈이를 보면 그렇게 생각된다. 이제 초등학교에 입학하여 할머니가 아플 때 수빈이는 염려와 기도를 해 준다. 할머니 생일에는 "전 하루 몇 시간 동안 할머니가 생각나는지 몰라요. 할머니 사랑해요." 라고 카드를 써 가지고 왔다. 짤막한 한 토막의 글이지만, 세상에 이 이상의 애정 표현이 또 있을까? 어린이집과 유치원의 하루를 마치고 함께 했던 시간들이 없었다면 손녀와 할머니 사이에 그렇게 진한 사랑이 생기지 않았을 것 같다. 또한 아이와의 대화 속에서 할머니는 세상을 좀 더 새롭게 보고, 느끼며, 진지하게 생각하게 되었다.

이제 벌써 중학생이 된 사랑하는 큰 손자 준석, 초등학교 고학년이 된 둘째 손자 민석에게는 할머니가 그때는 학교에서 강의하고 연구하느라 바빠서 많은 시간을 함께 해 주지 못해서 미안하고, 둘째 손녀 수아에게도 할머니가 함께 많이 놀아 주지 못해서 미안한 마음이다. 앞으로 더 많은 시간을 갖고 깊은 대화를 통해서 아름답고 지혜로운 삶을 꿈꿀 수 있도록 도와주려 한다.

2018년
준석, 민석, 수빈, 수아의 할머니
조 연 순

〈저자소개〉

조연순(Cho, Younsoon)

1. 학력 및 경력

1971. 이화여자대학교 교육공학 학사
1974. 미국 플로리다 주립대학교 교육학 석사
1977. 미국 플로리다 주립대학교 초등교육 박사
1978~1984. 덕성여자대학교 유아교육과 조교수
1984~2013. 이화여자대학교 사범대학 초등교육과 부교수 및 교수
1998~2006. 이화여자대학교 사범대학 부속초등학교 교장(역임)
2009~2011. 이화여자대학교 사범대학 학장(역임)
2013~현재. 이화여자대학교 사범대학 초등교육과 명예교수

2. 활동

1993~1994. 한국초등교육학회 4대 회장(현재 고문)
2014~2015. 기획재정부 경제발전경험공유사업 (Knowledge Sharing Program with
　　　　　　 Ghatemala) 수석고문
2015~2016. 대한사고개발학회 10대 회장(현재 선임이사) 등

3. 저서

한국초등교육의 기원(1995, 학지사)
문제중심학습의 이론과 실제(2006, 학지사)
창의성 교육(2008, 이대출판부)
문제중심학습의 이론과 실제 2판(2017, 학지사) 외 다수

4. 논문

- 학생창의성의 개념 탐색. *초등교육연구*, 25-3(2012)
- 학생창의성 발현을 위한 교수 · 학습 모형 탐색. *사고개발*, 9-2(2013)
- The Creativity of Korean Leaders and It's implications for Creativity Education. *Journal of Creative Behavior*, 45-4(2011)
- The Emergence of Student Creativity in Classroom settings: A Case Study of Elementary Schools in Korea. *Journal of Creative Behavior*, 47-2(2013) 외 다수

창의성과 지혜를 길러 주는

손녀와의 대화

Dialogue with Granddaughter
nurturing creativity & wisdom

2019년 1월   5일 1판 1쇄 인쇄
2019년 1월 10일 1판 1쇄 발행

지은이 • 조연순
그 림 • 최영희
펴낸이 • 김진환
펴낸곳 • (주) **학지사**

　　　　04031 서울특별시 마포구 양화로 15길 20 마인드월드빌딩
대표전화 • 02)330-5114　　　　팩스 • 02)324-2345
등록번호 • 제313-2006-000265호

홈페이지 • http://www.hakjisa.co.kr
페이스북 • https://www.facebook.com/hakjisa

ISBN 978-89-997-1673-7 03370

정가 12,000원

이 도서의 국립중앙도서관 출판시도서목록(CIP)은 서지정보유통지
원시스템 홈페이지(http://seoji.nl.go.kr)와 국가자료공동목록시스템
(http://www.nl.go.kr/kolisnet)에서 이용하실 수 있습니다.
(CIP제어번호: CIP2018032162)

교육문화출판미디어그룹 **학 지사**

심리검사연구소 **인싸이트** www.inpsyt.co.kr
원격교육연수원 **카운피아** www.counpia.com
학술논문서비스 **뉴논문** www.newnonmun.com
간호보건의학출판사 **학지사메디컬** www.hakjisamd.co.kr